留学生と日本人学生のための
レポート・論文表現ハンドブック

二通信子・大島弥生・
佐藤勢紀子・因 京子・
山本富美子

東京大学出版会

A Handbook of Expressions and Mechanics for Writing a Japanese Report/Paper:
For International and Japanese Students in Every Field
Nobuko NITSU, Yayoi OSHIMA, Sekiko SATO, Kyoko CHINAMI, Fumiko YAMAMOTO
University of Tokyo Press, 2009
ISBN978-4-13-082016-5

まえがき

　この本は，レポート・論文などの作成に取り組む留学生，日本人学生をサポートするために作成しました。レポート，ゼミ論文，卒業論文などに取り組んでいる大学生，大学院進学のために研究計画書を書く人，これから論文を書く大学院生などが，分野の違いに関係なくそれぞれの目的に合わせて利用できます。

　この本では，① 理系・文系にかかわらず論文に共通して使われる265の文型，78の接続表現を論文の実例とともに載せています。そして，いつでもすぐに必要な表現が探せるように，使い道ごとに表現や実例を見開き頁で見やすく配置しています。また，② レポート・論文のタイプ別の構成，レポートのアウトライン作成までのプロセスなど，レポート・論文の作成に必要な知識を解説しています。さらに，③ アカデミックな文章を書くために必要なポイントを15のコラムに分けて説明しています。まさにレポート・論文作成のための辞書と参考書の両方の役割を果たす本です。

　この本では次のようなことが学べます。

・レポート・論文にはどんなタイプがあるのか。それぞれのタイプがどんな構成になっているのか。

・レポートのテーマをどのように決めていくのか。どのようにアウトラインの作成まで進んでいったらよいのか。

・レポート・論文の各部分では，どんなことを書くのか。そのためにどんな表現を使うのか。それらの表現は実際の論文でどのように使われているのか。

・レポート・論文では，どんな接続表現がよく使われるか。どのように使い分けたらよいのか。

・レポート・論文にふさわしい文章を書くために，どんなことに注意したらよいか。

　レポート・論文の構成や表現を知ることは，専門の教科書や文献を読みとる

i

まえがき

力にもつながります。この本をいつも手元において，気軽に開いてください。あなたの学生生活，研究生活の心強い支えとなるに違いありません。

Preface

This book is designed to assist in academic writing in Japanese: term papers, graduation theses, research proposals, and journal articles. This book should be useful to a variety of people ranging from Japanese and international undergraduate students to graduate students and researchers, as it offers various kinds of knowledge: 1) Two hundred and sixty-five patterns of expression and seventy-eight connective expressions commonly used in various fields of study are presented with actual examples, classified by the functions, each neatly laid for easy and quick reference; 2) Basic knowledge needed for writing reports and papers such as compositions of typical academic writings and the process of making an outline are provided; 3) Useful tips for writing are provided by fifteen columns.

In a word, this book will serve both as a dictionary and a reference book. You can learn from this book for example:

- what types of writing are recognized for academic purposes and what the compositions for each type are like;
- how to select a topic for a term paper and how to make an outline;
- what to write in each component of a report/paper and what expressions to use, and how those expressions are used in actual articles;
- what connective expressions are used in academic writing and how to use them appropriately;
- points for successful writing.

The knowledge you will earn from this book will help you not only write but also read specialized writings quickly and effectively. We hope that this book will be your good partner in writing and in reading.

目次

まえがき i

Preface iii

この本をお使いになるみなさんへ xiv

To those who use this book xv

この本を用いて学生を指導する方へ xvi

ページの例と使い方 xviii

ウェブサイトの使い方 xxi

I レポート・論文を書く前に

構想 i　レポート・論文のタイプを知る 2
　1　レポート・論文のタイプ　3
　2　レポート・論文の構成要素　4
　3　レポート・論文の典型的な構成　6
　4　レポートの構成例　7
　5　研究計画書の構成例　8
　6　論文の構成例　9
　　コラム 1　大学で書くレポートのタイプ　11

構想 ii　課題発見からテーマの絞り込みへ 13
　1　レポート課題の分野を調べる　14
　2　関心のある問題を見つける　15
　3　自分自身の考えを確認する　16
　4　この問題でレポートが書けるか吟味する　17
　5　問題の核心をテーマにする　18
　6　仮説を立てる　20
　7　テーマ決定のプロセスをまとめる　21

構想 iii　全体のアウトラインを考える 22
　1　キーワードを選ぶ　23

iv

目次

 2　キーワードで情報を集める　24
 3　情報カードを作る　25
 4　情報カードを分類・配列する　27
 5　全体のアウトラインを決める　30
 コラム2　レポート・論文で使われる動詞　32

II　レポート・論文の表現

序論 i　研究の対象と背景 ……………………………………………… 40
 1　研究対象を示す　40
 2　問題の現状を説明する　42
 3　状況の中で特に注目すべき事例に言及する　44
 4　疑問・推論を提示する　46
 5　研究の必要性・重要性を示す　47
 6　用語を定義する　49
 7　略称を導入する　50
 コラム3　句・節・文の末尾の形　52
 コラム4　複文を用いた表現　55
 コラム5　話し言葉と異なる表現　57

序論 ii　先行研究の提示 ……………………………………………… 60
 1　研究分野で共有されている知識を示す　60
 2　先行研究の存在を示す　62
 3　先行研究の全体的な特徴を示す　63
 4　先行研究の知見に言及する　64
 5　先行研究についての解釈を示す　66
 6　先行研究が不十分であることを示す　67
 コラム6　文中での引用文献の示し方　69
 コラム7　引用文の作成　70
 コラム8　注と文献リスト　73
 コラム9　文献リストの記載方法　74

序論 iii　研究目的と研究行動の概略 …………………………………… 76

目次

- 1 研究の目的を規定する 76
- 2 リサーチ・クエスチョンを述べる 78
- 3 論文の構成を予告する 80
- 4 論文で扱う範囲を限定する 82
- コラム 10 形容詞の例外的な使い方 83
- コラム 11 助詞の働きをする言葉 84

本論 i 方法 ……88

- 1 調査・分析対象を述べる 88
- 2 対象を分類する 90
- 3 実験・調査の方法，データ処理の方法を述べる 92
- 4 理論的枠組みを述べる 94

本論 ii 結果の説明 ……96

- 1 図表を提示する 96
- 2 数値の大きさを示す 99
- 3 概数を示す 100
- 4 数値の大きさを評価する 102
- 5 データが近似していることを示す 104
- 6 データが相違していることを示す 106
- 7 データの違いを説明する 107
- 8 順位を付ける 109
- 9 変化の仕方を示す 111
- 10 変化がないことを示す 113
- 11 変化の傾向を示す 114
- 12 判明事項を述べる 116

本論 iii 検証型の考察 ……118

- 1 結果を再確認する 118
- 2 結果を解釈する 120
- 3 結果と先行研究との関係を示す 122
- 4 原因を推測する 124
- 5 研究方法の妥当性について述べる 126

6　予想と異なる結果について述べる　127
　　　コラム 12　概念にラベルを付ける　128
　　　コラム 13　視点と文の形　130

本論 iv　論証型の考察 ……………………………………………… 132
　　　1　中心的な問題や考察の視点を示す　132
　　　2　ある前提・条件・仮定のもとに議論する　134
　　　3　問題を要素に分けて検討する　136
　　　4　先行研究の議論を整理し，自分の議論に結びつける　138
　　　5　他者の見解を評価する　140
　　　6　問いを立てて考察を進める　142
　　　7　比較して論を展開する　143
　　　8　対比させて論を展開する　145
　　　9　原因・結果を述べる　147
　　　10　根拠に基づいて判断や主張を述べる　149
　　　11　問題点や反論を受け止めたうえで主張を述べる　150
　　　12　これまでの考察の要点を整理する　152
　　　コラム 14　断定を弱める文末表現を使い分ける　154

結論 i　結論の提示と研究結果の評価 ……………………………… 158
　　　1　研究行動を振り返る　158
　　　2　研究結果をまとめる　160
　　　3　研究結果から結論を提示する　162
　　　4　研究結果を評価する　164

結論 ii　今後の課題の提示 …………………………………………… 166
　　　1　今後の状況の予測を示す　166
　　　2　研究成果をもとに提言や指針を示す　168
　　　3　残された課題と今後の方向性を示す　170
　　　コラム 15　謝辞の書き方　172

III　レポート・論文の接続表現

接続 i　研究内容の記述に用いる接続表現 …………… 174
　1　並列　177
　2　選択　178
　3　焦点化　179
　4　累加　180
　5　換言　182
　6　例示　184
　7　補足　185
　8　反対陳述　186
　9　対比　188
　10　結果提示　190
　11　帰結　192
　12　解説　194
　13　転換　195
　14　展開　196
　15　列挙　197

接続 ii　研究行動の記述に用いる接続表現 …………… 198
　1　研究行動の提示　199
　2　研究行動の位置付け　200

実例の出典一覧　203
参考図書　207
索引　208

あとがき　217
執筆者紹介　218

Contents

Preface　i

To those who use this book　xiv

To the teacher　xvi

How to use this book　xviii

How to use the website　xxi

I　Before beginning to write

i　Learning the types of a report/paper 2
1　The types of reports and papers handled in this book　3
2　The components of a report/paper　4
3　The typical composition of a report/paper　6
4　Composition examples: reports　7
5　Composition examples: research proposals　8
6　Composition examples: papers　9
　column 1　Types of reports required at college/university　11

ii　How to select a topic 13
1　Doing background research for your report　14
2　Finding an issue which interests you　15
3　Giving shape to your own ideas　16
4　Examining the feasibility of writing about this issue　17
5　Finding the specific topic which interests you most　18
6　Formulating a hypothesis　20
7　Reviewing the topic selection process　21

iii　Making an outline 22
1　Selecting keywords　23
2　Collecting information to support your conclusion　24
3　Making note cards　25
4　Classifying and arranging your note cards　27
5　Making the outline　30
　column 2　Verbs that frequently appear in reports/papers　32

ix

II Expressions of the reports/papers

i The object and background of the study 40
  1 Stating the research object 40
  2 Explaining the current situation of the problem 42
  3 Highlighting the key points of the situation in question 44
  4 Presenting a question/an inference 46
  5 Stating the necessity/importance of the study 47
  6 Defining terms 49
  7 Introducing abbreviations 50
  column 3 Ending forms of phrases/clauses/sentences 52
  column 4 Use of subordinate clauses 55
  column 5 Terms used in a reports/papers as contrasted to their colloquial counterparts 57

ii Discussing previous studies 60
  1 Depicting the current state of understanding within the field 60
  2 Citing the existence of previous studies 62
  3 Stating the general characteristics of previous studies 63
  4 Mentioning a specific finding from previous research 64
  5 Presenting an interpretation of previous studies 66
  6 Pointing out the inadequacies of the current state of knowledge regarding the research topic 67
  column 6 In-text citations 69
  column 7 Citations within reports/papers 70
  column 8 Notes and bibliography 73
  column 9 References/Bibliography 74

iii Stating the purpose and the outline of your study 76
  1 Defining the purpose 74
  2 Stating research questions 76
  3 Outlining the organization of your paper 78
  4 Defining the scope of the research 80
  column 10 Special usages of some adjectives 83
  column 11 Compound particles 84

i Method 88

1 Stating the subjects of the research and analysis   88
2 Classifying the object   90
3 Stating the method of data collection and handling   92
4 Stating the theoretical background   94

ii **Stating results** 96
1 Presenting figures and tables   96
2 Presenting numerical values   99
3 Presenting approximations   100
4 Evaluating the significance of a value   102
5 Identifying similarities observed in the data   104
6 Identifying differences observed in the data   106
7 Stating differences observed in the data   107
8 Ranking and ordering items   109
9 Describing the manner of change   111
10 Stating the absense of change   113
11 Describing the tendency for change   114
12 Stating the findings   116

iii **Discussion in a experiment/research-based paper** 118
1 Recapitulating the results   118
2 Interpreting the results   120
3 Comparing your results with those from previous research   122
4 Inferring a cause   124
5 Establishing the validity of the approach   126
6 Stating results that differ from the original expectation   127
   column 12 Labeling your ideas   128
   column 13 The viewpoint and structure of a sentence   130

iv **Discussion in a literature-based paper** 132
1 Stating the central issue and the view point of ideas   132
2 Discussing the premise and conditions   134
3 Breaking down the problem into its component parts for examination   136
4 Citing arguments from previous studies in order to develop your own discussion   138
5 Evaluating other opinions   140
6 Posing a question to forward the discussion   142

- 7 Developing a discussion by comparison/contrast　143
- 8 Developing a discussion by contrast　145
- 9 Stating a cause and its consequence　147
- 10 Expressing a judgment and/or an assertion based on a piece of evidence　149
- 11 Counting arguments　150
- 12 Summing up the discussions so far　152
- column 14　Modifying assertions　154

i　Presenting a conclusion and evaluating the research results ... 158
- 1 Restating the research subject and purpose　158
- 2 Summarizing the research results　160
- 3 Presenting a conclusion from the results　162
- 4 Evaluating the research results　164

ii　Stating what awaits future efforts 166
- 1 Making a prediction based on the results　166
- 2 Presenting a proposal /guideline based on the results　168
- 3 Stating the remaining problems and the direction of a future research　170
- column 15　How to write acknowledgements　172

III Connective expressions in the reports/papers

i　Connective expressions for presenting contents of research ... 174
- 1 Apposition　177
- 2 Selection　178
- 3 Focusing　179
- 4 Addition　180
- 5 Paraphrasing　182
- 6 Illustration　184
- 7 Qualification　185
- 8 Contradiction　186
- 9 Contrast　188
- 10 Stating results　190
- 11 Conclusion　192
- 12 Reasoning　194
- 13 Shift　195

14   Transition   196
15   Enumeration   197

ii   Connective expressions for describing research actions 198
    1   Presenting a research action   199
    2   Contextualizing a research action   200

Source of examples   203
References   207
Index   208
Afterwords   217
About the authors   218

この本をお使いになるみなさんへ

この本の構成
本書は三つの部とコラムから構成され、次の内容が盛り込まれています。

I　レポート・論文を書く前に——レポート・論文の構成の例や構想の練り方
II　レポート・論文の表現——レポート・論文の各部分の構成要素を表す表現
III　レポート・論文の接続表現——レポート・論文に共通して使われる接続表現
コラム——レポート・論文の作成に必要な日本語の知識

この本の使い方
本書は、初めてレポートを書く学部の新入生から大学院での論文作成に取り組む人まで、専門分野を超えてさまざまな段階の人が利用できます。それぞれ、次の順番で読むと、わかりやすいでしょう。

◇初めてレポート・論文作成に取り組む人（テーマ探しから始める人、特定のテーマがあるが書き方が分からない人）　⇒　I, II, III, コラム
◇論文の構成や各部分の内容を知りたい人　⇒　Iの「構想i」, II
◇レポート・論文で使われる様々な表現を知りたい人　⇒　II
◇接続表現などを効果的に使い、論文にふさわしい文章で書きたい人
　　⇒　III, コラム

本書では、レポートは学習の成果を表すもの、論文は研究の成果を表すものととらえています。本書にはレポート・論文の代表的な構成や表現を紹介してありますが、これらは絶対的なものではありません。細部については、分野によって違いがあります。この本を参考にしながら、自分の専門分野の論文をいくつか読み比べ、それらの構成や表現を注意深く見て、特徴をつかんでください。

To those who use this book

The organization of this book

This book contains the following three parts and fifteen columns.

I   Before beginning to write: typical compositions of reports /papers, and how to make a plan
II Expressions useful for reports/papers: words and phrases used in each component of reports/papers
III Connective expressions in reports and papers: connective expressions commonly used in academic writing
Columns: Useful tips for academic writing in Japanese

How to use this book

This book should be useful for a variety of people from a freshman who writes his or her first term paper to a graduate student planning his or her thesis. Please choose what part(s) to read in what order, according to your specific need. To mention some examples:

◇ For a novice writer: Those who are struggling for a suitable topic for their seminar report, or those who have a topic in mind but no idea how to begin to write: ⇒ I, II, III and columns.
◇ For those who have only a little experience in writing a paper, and those who want to know about the typical compositions of a paper and the contents of each component: ⇒ chapter i of I, II.
◇ For those who want to expand the knowledge of vocabulary and phrases: ⇒ II
◇ For those who want to achieve a good academic style by learning connectives and their appropriate usages: ⇒ III and columns.

The difference between a report and a paper, as this book sees, is that, while a report is written to demonstrate the achievements of learning, a paper demonstrates the results of a research. This book presents typical compositions and expressions used in academic writing, but it does not intend to cover all possibilities in various fields of study. Each field has its own conventions and rules, and it is most advisable for you to examine actual papers in your own field carefully along with using this book in order to gain necessary knowledge.

この本を用いて学生を指導する方へ

指導にあたって

　本書では，レポート・論文の基本的な構成に沿ってそれぞれの部分で行われている研究行動と，そこで使われる表現を挙げています。研究行動とは，「研究の重要性を示す」，「研究結果を解釈する」というような，論文を成り立たせる一つ一つの行動を指します。研究行動を示す具体的な表現を学ぶことを通して，論文とはどのようなものか，論文を書くために何をしなければならないのかを知ることができます。

　学生は本書で学習する具体的な構成や表現を絶対視する可能性があります。授業などでお使いになる場合は，分野や研究アプローチによってバリエーションがあることを説明してください。

この本の使い方

　その学生が自分の「研究」のどの段階にいるかで，書けることは当然異なってきます。この本は，各段階の学生に対して以下のように使えます。

◇学部生 (1〜3年生) に対しての使い方の例
・「日本語表現法」「基礎ゼミナール」と呼ばれるような基礎科目の副読本として
　⇒　Ⅰでレポートの種類を知り，構想を練るステップをたどる
・各学生が自分で科目のレポートに取り組む際の参考書として
　⇒　Ⅰで取り組むレポートの種類を知り，構想を練るステップを踏み，Ⅱ・Ⅲで執筆に必要な表現を見つけて参考にする
　⇒　コラムやⅢを読んで書き言葉の表現力と自己推敲力を高める

◇ゼミのレポートや卒業論文に取り組む学生に対しての使い方の例
・専門分野の論文読解の手がかりを得る参考書として
　⇒　Ⅱで論文の論述パターンを理解し，読解とレジュメ作成の参考にする

> この本を用いて学生を指導する方へ

・ゼミでの課題レポート作成や卒論作成の副読本として
　⇒　Ⅰの内容を見て自分のアウトライン作成の参考にする
　⇒　下書き執筆の進度に合わせて，Ⅱの各部分を書く課題を与える
　⇒　コラムやⅢを読んで論文に必要な表現力と自己推敲力を高める

◇修士論文・博士論文・投稿論文などに取り組む学生に対しての使い方の例
　⇒　下書き執筆の進度管理のために，Ⅱの各部分を書く課題を与える
　⇒　コラムやⅢで表現のバリエーションを増やし，自己推敲力を高める

◇上記の使い方に加えて，とくに留学生に対しての使い方の例
　⇒　論文読解の際に，論文の表現や語彙を索引から探し，各頁の説明や英訳を読んで，その表現や語彙の意味の理解，使われ方の理解に役立てる

ページの例と使い方

〈Ⅱ　レポート・論文の表現〉

レポート・論文の基本的な構成部分を説明する。

レポート・論文を成り立たせる行動（研究行動）を示す。

その研究行動でよく使われる表現を示す。

下線部には斜字で示されているような内容が入る。

〈Ⅲ　レポート・論文の接続表現〉

[　]内の言葉は選んで使う。
（　）がある場合は，必要に応じて用いる。

英訳は原文の意味を示すものである。
英語論文の文例としては，自然ではない場合もある。

ページの例と使い方

実例
A a. サイレージは乳酸菌を活用した保蔵性の高い発酵粗飼料である。（農芸化学）
　b. ドーパミンは生体内アミンの一種であるカテコールアミンという物質のひとつで，神経回路の情報処理に重要な役割を果たしている。（作例，医学）

B a. 打下探集は，プランクトンネットや地曳網を鬼きにくい岩礁域などに生息する仔稚魚を採集するための有効な方法として知られている。（魚類学）

C a. 本稿は，最近の小説，マンガなどに現れたジェンダー標示形式の使用例の観察を通じて，ジェンダー標示形式が談話においてストラテジーとして使用され様々な効果をあげていることを示し，その表現手段としての新たな可能性について考察するものである。（日本語学）
　b. 本論文は，1920〜30年代の知識人と農業，そこから生まれる文学を考察するための一つのケースとして，岩手県の農業状況の中に宮沢賢治の農業思想および作品を置き，そこから作品の新たな読みを提示するものである。（日本文学【web】）

注
*1 ここで使われる動詞には，ほかに以下のようなものがある。
　　［論じる discuss／紹介する introduce／考察する consider／検討する inquire into］

「実例」には「表現」と同じ機能を持つものを示した。「表現」のA, B, C…と対応する。

太字は典型的な表現であることを示す。

論文の分野を示す。「作例」は新たに例として作ったものである。
「（序論ⅱ1→6）」のように書かれた場合は，複数の研究行動による論の展開を示す。

【web】と印した論文は本書のウェブサイトで見られる。

---

1 並列 Apposition

A. 複数の物事を並べて示す。 B. 複数の要素を併せ持つことを示す。
A. Two (or more) items of an equivalent value/status are presented. B. Two (or more) parallel factors exist.

表現
A 1. および（及び）*1　　　A 1. as well as
　2. ならびに（並びに）　　　　2. and

B 1. かつ（且つ）　　　　　　B 1. and besides

実例
A a. TiおよびCrの分布，存在形態の調査には，走査型電子顕微鏡（SEM: Hitachi S-4200）およびエネルギー分散型X線分析（EDS: Kevex SuperDry）を使用した。（環境資源学【web】）
　b. 以下では持家の「一戸建・長屋建（以下「持家」と略す）」，および民営借家の共同住宅（以下「民借」と略す）」の2タイプを分析する。（建築学【web】）

B a. RAPD-PCRは簡便かつごく短時間で解析可能であることから，プライマーの設計を工夫することで容易かつ短時間に乳酸菌の分類・同定が可能であると考えられた。（農芸化学）
　b. 科学的概念を選択し，かつ矛盾を解消できた科学解消群は他の複数条件と比較して，「統合」において，発生比率値が有意に高い結果になった。（教育心理学）

注
*1 レポートや論文において複数の物事を並べて示す場合，助詞の「と」とともに，「および」が多用される。特に長い語句を並列させる場合に「および」が用いられることが多い。

「*」の付いた箇所について注釈する。

ページの例と使い方

〈コラム〉

顔マークの凡例
- ☹ = よくない文の例
- ☺ = よい文の例

品詞の凡例
- い形容詞 = 形容詞 (例：多い，熱い)
- な形容詞 = 形容動詞 (例：きれいな，豊かな)
- て形 = 動詞の「-て」の形 (例：行って，食べて)
- ます形の語幹（連用中止形）= 動詞の「-ます」形の語幹 (例：行き，食べ)

［コラム 3］句・節・文の末尾の形
Ending forms of phrases/clauses/sentences

レポート・論文の句・節・文の末尾の表現は、プレゼンテーションや日常会話などの話し言葉とは異なり、書き言葉の文体である。

The style, words and phrases used for writing a report/papers are different from those used for a discussion/presentation, and greatly differ from informal, everyday conversation.

1 文の末尾

①使用しない表現
・「です／ます体」は使わない。
　例：☹ 日本です，困難です，述べます

・「-だ体」はあまり使わない。「-する／である体」を使う。
　例：☹ 日本だ，困難だ
　　　☺ 日本である，困難である，述べる

・縮約形を使わない。
　例：☹ 日本じゃない，困難になっちゃう，述べてる
　　　☺ 日本ではない，困難になってしまう，述べている

・間投助詞や終助詞は使わない。
　例：☹ 日本ではさ，困難であるとね，述べられているよ。
　　　☺ 日本では，困難であると述べられている。

②断定の表現
・名詞／な形容詞（なの）[である／であった／ではない／ではなかった]
　例：☺ 日本なのである，困難であった，困難ではない，困難ではなかった
　　　☹ 日本なのです，困難でした，困難ではないです，困難ではなかったです

［コラム 4］複文を用いた表現
Use of subordinate clauses

レポート・論文では、プレゼンテーションや日常会話などの話し言葉、また小説や随筆などの書き言葉に比べて、連用修飾節や連体修飾節を用いた複文が多く使用される。短文の連続では前後の意味関係がわかりにくいので、複文にして、前後の論理的な関係をはっきりさせる。

Complex sentence structures which consist of a main clause and a subordinate clause are utilized more frequently in academic writing than in speech and in literary writing such as novels and essays. A complex sentence structure is preferred to a sequence of short, choppy sentences because it clarifies the logical relations between ideas to be conveyed.

1 連用修飾節を使った複文

①「ので、から、ため、ども、ものの、ながらも、が」などの接続表現（本番Ⅲ）を使って複文にし、前後の論理的な関係をはっきりさせる。
　例：☺ 戦後、医療技術が高度に発達し、死亡率が激減したが、出生率も激減したために、高齢者の割合が増えた。
　　　☹ 戦後、医療技術が高度に発達した。そして、死亡率が激減した。しかし、出生率も激減した。それで、高齢者の割合が増えた。

②「ので、から、ため」などの同じ意味の接続助詞を、1文中に2つ以上使ってはいけない。同じ意味の接続助詞を1文中に2つ以上使いたい場合は、一方を動詞のて形やます形の語幹（連用中止形）でつなぐか、接続詞を使って2文にする。
　例：☹ 戦後、医療技術が高度に発達して死亡率が激減したために、高齢者の割合が増えた。
　　　☺ 戦後、医療技術が高度に発達したため、死亡率が激減した。しかし、その一方で、出生率も激減したので、高齢者の割合が増えた。
　　　☺ 戦後、医療技術が高度に発達したので、死亡率が激減したが、出生率も激減したために、高齢者の割合が増えた。

ウェブサイトの使い方

　ウェブサイト（http//www.utp.or.jp/download/）には，以下のレポート4本，研究計画書3本，論文6本が掲載されています。本書に収められた表現が，実際にどのように使われているかを見ることができます。また，学術的な文章のさまざまなタイプ（本書3〜5頁を参照）や構成の仕方を知ることもできます。皆さんのレポートや論文の作成にあたって参考にしてください。

レポート（〈　〉は授業名）

◇実験・調査レポート　（実験・調査に基づくレポート）
- 「無機定性分析」〈化学実験〉
- 「DNAによるコメの品種判別」〈生物学実験〉
- 「札幌市における病児保育の現状と課題」〈経済学ゼミナール〉

◇論証型レポート　（根拠を用いて，ある主張を証明するレポート）
- 「エジプトへの観光旅行の安全性」〈応用日本語〉

研究計画書（〈　〉は分野名）

◇研究計画書
- 「東京湾から南極海までの海域における多環芳香酸化水素（PAHs）汚染の実態」〈海洋学〉
- 「天然植物成分を用いた魚体中の有害重金属制御に関する研究」〈環境科学〉
- 「日本のポピュラーソングにおける若者の価値観」〈言語文化論〉

論文（〈　〉は分野名）

◇検証型論文　（実験・調査に基づく仮説検証の論文）
- 「焼却灰中のレアメタルリサイクルのためのチタンおよびクロム化合物の超電導高勾配磁力選別」（伊藤亮嗣，藤田豊久，丹野秀昭，岡田敦志著，『Journal of MMIJ』123 (6), 2007）〈環境資源学〉

xxi

- 「住戸規模の地方差とその背景に関する研究──多雪地方と南海地方の比較を中心として」（阿部成治，木内望著，『日本建築学会計画系論文集』622, 2007）〈建築学〉

◇複合型論文 （事例研究などの実証部分と文献などに基づく論証部分の両方を含む）
- 「国際分業と事業構造の変革：グローバル戦略における比較優位の創出」（天野倫文著，『日本経営学会誌』8, 2002）〈経営学〉

◇論証型論文［文献解釈系］（文献などに基づく論述過程に重点を置く）
- 「「グスコーブドリの伝記」論──一九二〇から一九三〇年代における宮沢賢治の農業思想を背景として」（大島丈志著，『日本文学』52 (9), 2003）〈日本文学〉

◇論証型論文［論説系］（先行研究を整理して研究の現状を分析・評価する論文（総説・レビュー・展望など））
- 「対外国人意識改善に向けた行政施策の課題」（小林真生著，『社会学評論』58 (2), 2007）〈社会学〉
- 「情報化社会における労働者の個人情報とプライバシー」（砂押以久子著，『日本労働法学会誌』105, 2005）〈法学〉

I
レポート・論文を書く前に
Before beginning to write

あなたが書くレポート・論文はどのようなタイプでしょうか。このIでレポート・論文の代表的なタイプと構成例を見て、何をどのように書いていくのか、見当をつけてください。
　また、レポート・論文をはじめて書く人は、課題発見からテーマの絞り込み、テーマの決定、アウトラインの作成など、構想の練り方を参考にしてください。

　Now you are going to be engaged in academic writing. What type will it be? Chapter i of this part I demonstrates several typical types of reports/papers and their compositions. Check it to know the type of your writing and what your product will be like.
　If this is the first time for you to write a report/paper, check chapter ii where the process from selection of a topic to making an outline is explained in a step-by-step manner.

構想 i　レポート・論文のタイプを知る
Learning the types of a report/paper

　レポートや論文にはいくつかのタイプがある。大学と大学院の段階，研究分野に応じてさまざまである。レポート・論文を書くにあたって，まずどのようなタイプのものが要求されているのか確認しよう。

　なお，本書では，論文のタイプを専門分野ではなく，研究の方法によって，大きく「検証型論文」（実験・調査などによる検証を目的とした論文）と，「論証型論文」（文献・資料などに基づく論述過程に重点を置く論文）とに分けている。両者は，構成と考察部分の進め方や表現に違いが見られるため，これらは別々に示している。

Several types are recognized in reports and papers, depending on the educational/research purposes and on the fields of study. Before you begin to write, you should know what type of writing you are supposed to do.

In this book, the types of papers are recognized in terms of their approaches of the research efforts reported: "*kensho-gata* (検証型)", which endeavors to produce useful findings through doing experimentation and survey and "*ronsho-gata* (論証型)", which strives to draw meaningful conclusions mainly by means of critical examination of previous academic literature. The differences between the two types are most remarkable in their compositions and their 'discussion' parts. The typical compositions and the expressions used for the discussion are presented separately for each type.

1 レポート・論文のタイプ
The types of reports and papers handled in this book

この本では、次の表の⑦〜㋖の文章を扱う。この分類は目安であり、典型的な例をやや単純化して示している。実際には、これらの中間的なものや、複数の型を総合したものもある。

レポート・論文の分類

	⑦ 実験・調査レポート Experiment report		④ 論証型レポート Literature-based report	
主に学部段階	実験・調査に基づくレポート		ある主張を、根拠を用いて証明するレポート	
	そのほかに、科目のレポート（学習レポート・まとめレポート）、実習報告など			
	卒業論文　Thesis （卒業論文にも下の㋓から㋖のタイプが含まれる）			
	⑨ 研究計画書　Research Proposals			
主に大学院段階	㋓ 検証型論文 Experiment/ research-based paper	㋔ 複合型論文 A complex type	㋕ 論証型論文 [文献解釈系] A literature-based paper [critique]	㋖ 論証型論文 [論説系] A literature-based paper [proposals/arguments]
	実験・調査に基づく仮説検証の論文	事例研究などの検証型部分と文献などに基づく論証型部分の両方を含む論文	文献・資料などに基づく論述過程に重点を置く論文	先行研究を整理して研究の現状を分析・評価する論文（総説・レビュー・展望など）

2 レポート・論文の構成要素　The components of a report/paper

レポート・論文のタイプによって構成要素(この本のⅡで扱う項目)が異なる。次の表は、タイプ別に各構成要素の出現頻度の傾向[*1]を記号で示したものである。(頻度の目安を表す記号:◎=高い、○=よくある、△=ときどきある、―=ほとんどない)。

レポート・論文のタイプと項目

	タイプ / 本書Ⅱの項目	㋐ 実験・調査レポート	㋑ 論証型レポート	㋒ 研究計画書
序論	ⅰ 研究の対象と背景	○	○	◎
序論	ⅱ 先行研究の提示	△	○	○
序論	ⅲ 研究目的と研究行動の概略	○	○	◎
本論	ⅰ 方法	◎	―	◎
本論	ⅱ 結果の説明	◎	△	△[*2]
本論	ⅲ 検証型の考察	◎	―	―
本論	ⅳ 論証型の考察	―	◎	―
結論	ⅰ 結論の提示と研究結果の評価	○	○	○
結論	ⅱ 今後の課題の提示	―	○	―

本書IIの項目		タイプ	㋗ 検証型論文	㋙ 複合型論文	㋕ 論証型論文 [文献解釈系]	㋖ 論証型論文 [論説系]
序論	i	研究の対象と背景	◎	◎	◎	○
	ii	先行研究の提示	◎	◎	◎	◎
	iii	研究目的と研究行動の概略	◎	◎	◎	◎
本論	i	方法	◎	◎	△	△
	ii	結果の説明	◎	◎		
	iii	検証型の考察	◎	◎		
	iv	論証型の考察	—	○	◎	◎
結論	i	結論の提示と研究結果の評価	○	○	○	◎
	ii	今後の課題の提示	○	◎	○	◎

構想I レポート・論文のタイプを知る

*1 出現頻度の目安は絶対的なものではない。同じ型のレポート・論文でも，分野の慣習や投稿する雑誌の規則などによって選ばれる項目は異なる。
*2 研究計画書では，「予想される結果」を書くことがある。

3 レポート・論文の典型的な構成
The typical composition of a report/paper

レポート・論文のタイプによって項目や順序は異なる。次は典型的な構成例である（本書のIIの項目と関連付けている）。実際に書く場合は，課題レポートの条件，各専門分野の論文の形式，論文を提出する機関の規定，投稿する雑誌の執筆要領などにつねに注意すること。

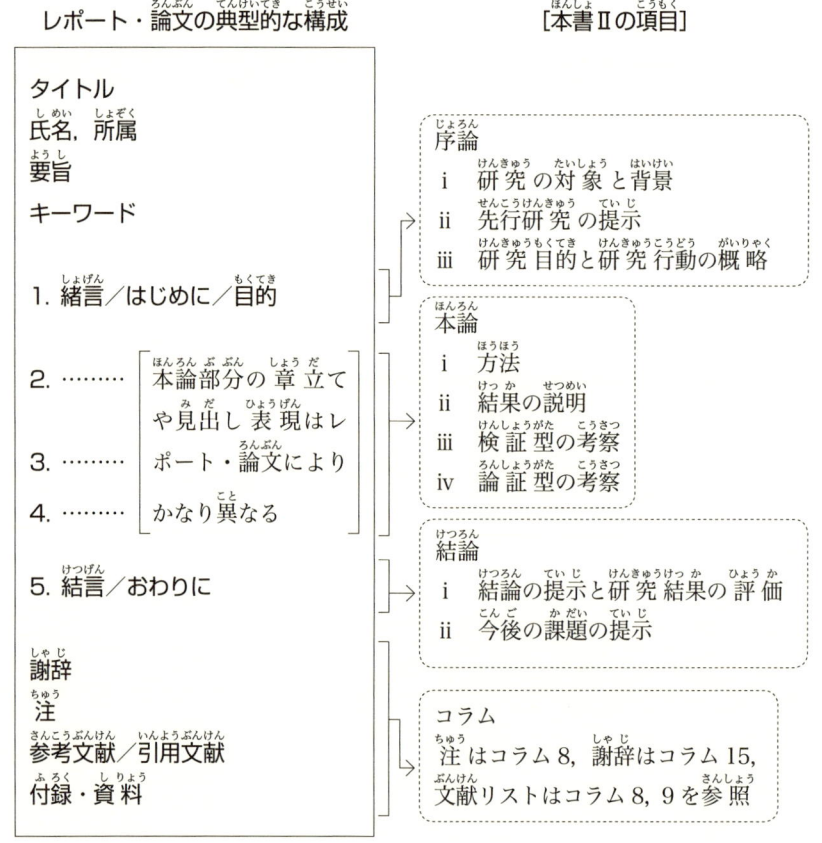

構成や表現は固定的なものではない。そのため，研究のアプローチが異なれば，違う構成や表現が選ばれる。自分の専門分野の論文をいくつか読み比べ，それらの論文の構成や表現を注意深く見て，確認してほしい。

4 レポートの構成例 Composition examples: reports

レポートの構成の一例を示す。ただし，見出しの表現，本論部分の章の分け方や論じる順序などは一定ではない。特に，㋑，後出の㋔，㋕，㋖は内容によって構成の差が大きい。

㋐ 実験・調査レポートの構成

1. **目的／序**
   実験・調査の対象，背景，目的等

2. **方法／実験／実験方法**
   実験材料，調査対象，実験・調査の方法，データの処理方法，理論的枠組み，原理等

3. **結果**[*1]
   図表の提示，データの説明，判明事項の指摘等

4. **考察**
   結果の確認・解釈，原因の考察，妥当性の検討，予測と異なる結果への言及等

5. **結論**
   結論の提示

㋑ 論証型レポートの構成　[本書Ⅱの項目]

1. **はじめに**
   問題の背景と注目すべき点，問題提起，目的の規定，用語の定義・規定等 序論

2. ……（論証1についての見出し）[*2*3]
   ある主張とそれを支える理由・根拠の提示（データ，事例等）

3. ……（論証2についての見出し）

4. ……（論証3についての見出し）

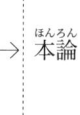 本論

5. **おわりに**
   まとめ，結論の提示，今後の課題 結論

*1　3章と4章をまとめて「結果と考察」とすることもある
*2　2章には"対象"の詳細と方法の説明が入ることもある。
*3　2, 3, 4章では，時系列，観点別，対象別などの観点から論証を積み重ねることが多い。

5 研究計画書の構成例　Composition example: research proposals

研究計画書の構成の一例を示す。

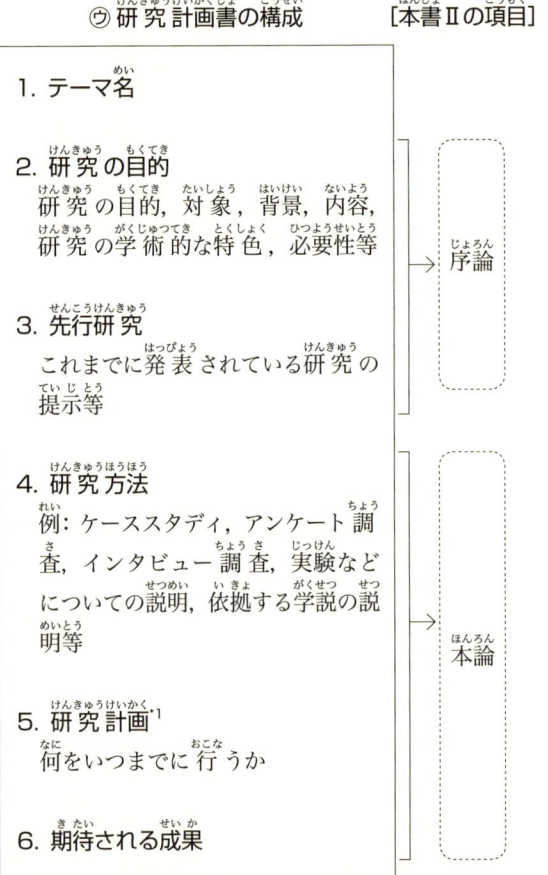

*1　5と6は研究計画書に特徴的な項目である（必須かどうかは，分野による）。6はこれから研究を行う段階に書くものなので，研究の結果ではなく，何をいつまでに行うかを述べた上で，どのような成果が期待されるかについて書く。

6 論文の構成例　Composition examples: papers

論文の構成の一例を示す。

㋓ 検証型論文の構成

1. **緒言／はじめに／目的**
   研究の対象，背景説明，研究の必要性，用語の定義・規定，先行研究の提示，目的の規定等

2. **方法／実験／実験方法**
   実験材料，調査対象，実験・調査の方法，データの処理方法，理論的枠組み，原理等

3. **結果**
   図表の提示，データの説明，判明事項の指摘等

4. **考察**
   結果の確認・解釈，原因の考察，妥当性の検討，予測と異なる結果への言及等

5. **結言／おわりに**
   結論の提示と結果の評価・解釈，今後の課題の提示等

㋔ 複合型論文の構成　［本書Ⅱの項目］

1. **はじめに**
   問題の背景と注目すべき点，研究の対象，研究の必要性，用語の定義・規定等
   → 序論

2. ………（先行研究の提示）
   先行研究の提示，目的の規定等

3. ………（問題の再検討）
   考察の新視点の提示，理論的枠組みの提示，先行研究と対象の関連付け等

4. ………（分析・考察）
   図表の提示，データの説明，事例の説明，原因の考察，比較・対比等を用いた考察，根拠に基づく判断・主張等
   → 本論

5. ………（ほかの観点からの分析）
   議論の要点の整理等

6. **おわりに**
   結論の提示と結果の評価・解釈，今後の課題の提示，提言・指針等
   → 結論

構想Ⅰ　レポート・論文のタイプを知る

I レポート・論文を書く前に

㋕ 論証型論文 [文献解釈系]の構成

1. はじめに
   問題の背景と注目すべき点，研究の対象，研究の必要性，用語の定義・規定，構成の予告等

2. ……（先行研究の提示）
   先行研究の提示，目的の規定等

3. ……（議論の展開を示す見出し）
   一次資料に基づく考察

4. ……（議論の展開を示す見出し）
   （3と同様に議論を進める）

5. ……（議論の展開を示す見出し）
   （3と同様に議論を進める）

6. おわりに
   結論の提示と結果の評価・解釈，予測，今後の課題の提示，提言・指針等

㋖ 論証型論文 [論説系]の構成

1. はじめに
   問題の背景と注目すべき点，研究の対象，研究の必要性，用語の定義・規定，構成の予告等

2. ……（先行研究の提示）
   先行研究の提示，目的の規定等

3. ……（文献に基づく考察）*1
   考察の視点の提示，他者の議論の整理，比較・対比等を用いた考察，根拠に基づく判断・主張等

4. ……（ほかの観点からの分析）
   （3と同様に議論を進める）

5. ……（ほかの観点からの分析）
   議論の要点の整理等

6. おわりに
   結論の提示と結果の評価・解釈，今後の課題の提示，提言・指針等

[本書Ⅱの項目]

→ 序論

→ 本論

→ 結論

*1 本論の3,4,5章の構成では時系列，観点別，対象別等に分けて，3章に示したような論証を積み重ねることが多い。見出し表現もその構成に沿ったものが付けられる。

[コラム1] 大学で書くレポートのタイプ
Types of reports required at college/university

　大学の授業でよく課題として出されるレポートのタイプには、以下のようなものがある。レポートは主に学習の成果を示したものであるので、レポートの目的によって、求められる構成が異なる。

　Below are listed the dominant types of reports required at a university or a college. You should decide the organization and content of your report considering what is expected of you to demonstrate by the instructor.

◇実験レポート　（構成例は本書7頁、および【web】参照）
実験を行い、目的・方法・結果・考察を述べるもの
　　タイトルの例：「PCRによる遺伝子の増幅」「有機化合物の官能基の分析」

◇調査レポート[調査報告]　（構成例は本書7頁、および【web】参照）
あるテーマで調査を行い、結果を分析したもの
　　タイトルの例：「A市民のゴミ分別に関する意識の変化」「B地区魚類生息状況調査報告」

◇実習レポート[実習報告]
実習から学んだことをまとめたもの
　　タイトルの例：「教育実習の記録」「食品生産実習の報告」

◇論証型のレポート　（構成例は本書7頁、および【web】参照）
ある主張について、各種の根拠を用いて証明するもの
　　タイトルの例：「日本政府は環境税を導入すべきか」「死刑廃止の是非」

◇論説型のレポート
テーマについての議論を紹介し、自らの考察を加えたもの
　　タイトルの例：「企業の社会貢献の現状と課題」「『時間』とは何か」

Ⅰ レポート・論文を書く前に

　その他のレポートとして、**説明レポート**，**学習（まとめ）レポート**，**読書レポート（ブックレポート）**等がある。ただし、同じタイプでも、レポートの呼び方は一定ではない。また、レポートは「リポート」と表記されるときもある。

　以下のタイプは、個人的な感想、意向や経験の記述が中心であり、通常「レポート」とは呼ばれない。

・読書感想文　　例：「『五体不満足』を読んで思ったこと」
・体験や意向について述べた作文　例：「高校時代の思い出」「将来の抱負」

構想ii　課題発見からテーマの絞り込みへ
How to select a topic

　レポートや論文は，書く前に十分に構想を練ること。それがうまく書くためのコツである。ここでは，レポートをはじめて書く人のために，論証型レポートを例に挙げて示す。

　課題の発見からテーマの絞り込みまで見ていこう。次のような段階を踏む。

1　レポート課題の分野を調べる
2　関心のある問題を見つける
3　自分自身の考えを確認する
4　この問題でレポートが書けるか吟味する
5　問題の核心をテーマにする
6　仮説を立てる
7　テーマ決定のプロセスをまとめる

　The key to success is to have a well-prepared design for your report/paper before you actually begin writing. For a novice writer, we present a case of planning a *ronsho-gata* report. Let's look at the steps from finding an issue to narrowing down to a specific topic.

1　Doing background research for your report
2　Finding an issue which interests you
3　Giving shape to your own ideas
4　Examining the feasibility of writing about this issue
5　Finding the specific topic which interests you most
6　Formulating a hypothesis
7　Reviewing the topic selection process

1 レポート課題の分野を調べる
Doing background research for your report

「Xについてレポートを書く」ためには,まず「X」の分野を概観しよう。「X」の分野を調べるには,次のような方法がある。

① 講義ノートや辞典から,「X」に関係することばや人名を集める。
  ・たとえば『広辞苑』『大辞林』『大辞泉』『デイリー新語辞典』『現代用語の基礎知識』『データパル』などの辞典。インターネット上で使える辞書。
  ・大切だと思われることばや人名を情報カードに書き写す。

② 百科事典をよく読んで,ことばの関係をつかむ。
  ・たとえば『世界大百科事典』や,「ネットで百科」「Japan Knowledge」などのネット上の百科事典。
  ・大切だと思われる説明を情報カードに書き写す。

③ 専門辞典,事典,用語集・図鑑を調べて,関連する分野を知る。

④ 情報カードに書き写したことばや人名をウェブサイト(たとえば「日本の論点」など)で検索し,さまざまな議論,考え方,問題点を知る。

⑤ 専門雑誌や大学の研究紀要から,関連する論文を探す。そうした論文のタイトルからさまざまな論点,問題点を把握する。
  ・CiNiiなどの雑誌記事索引で,専門雑誌や大学の紀要の論文タイトルを検索。

例

課題A 「次世代技術と競争的産業」に関するテーマで書きなさい。
  関係することば: 技術経営,IT産業,付加価値,消費動向,……
  関連する論文のタイトル:「東アジアの液晶産業の競争力比較」,……

課題B 「国際観光資源の開発」に関するテーマで書きなさい。
  関係することば: 観光のグローバル化,持続可能な観光開発,環境保護,……
  関連する論文のタイトル:「国際観光の取り組みと外国人観光客誘致の新たな動き」,……

2 関心のある問題を見つける
Finding an issue which interests you

レポート課題の分野で議論されている問題と，あなた自身がこれまで抱いてきた関心の接点を見つけよう。

① これまでを振り返ってあなた自身が関心をもってきたことを知る。

例

課題A
　IT産業，薄型テレビの性能……

課題B
　エジプトの観光産業，世界遺産の保護，観光開発と環境問題……

② 関心をもったきっかけ，動機を考える。

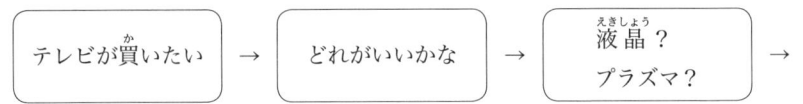

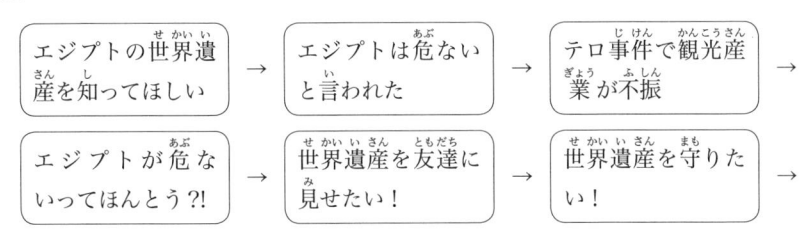

例

課題A

| テレビが買いたい | → | どれがいいかな | → | 液晶？プラズマ？ | → |

課題B

| エジプトの世界遺産を知ってほしい | → | エジプトは危ないと言われた | → | テロ事件で観光産業が不振 | → |
| エジプトが危ないってほんとう?! | → | 世界遺産を友達に見せたい！ | → | 世界遺産を守りたい！ | → |

構想ⅱ　課題発見からテーマの絞り込みへ

15

3 自分自身の考えを確認する　Giving shape to your own ideas

　レポート課題のテーマに関して、自分自身がどう考えているのか確認しよう。この自分自身の考えがレポートで取り上げる問題となる。

例

課題A
液晶テレビよりプラズマテレビのほうが性能がいい！

課題B
エジプトは安全で素晴らしい世界遺産があるから、一度は旅行したほうがいい！

4 この問題でレポートが書けるか吟味する
Examining the feasibility of writing about this issue

この問題設定でレポートが書けるか，①〜③を吟味し，考えてみよう。

① 関連の情報が手に入るか

② 関連の情報に興味が持てるか

③ 書く時間は十分あるか

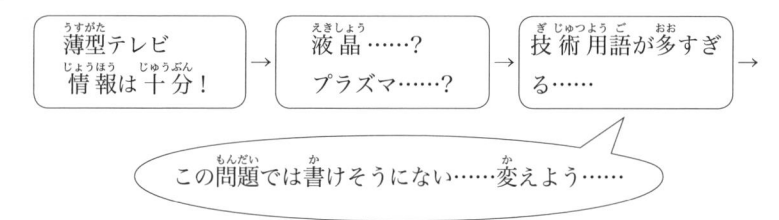

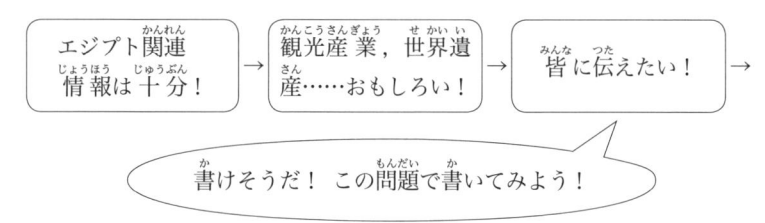

例

課題 A

[薄型テレビ 情報は十分！] → [液晶……？ プラズマ……？] → [技術用語が多すぎる……] →

（この問題では書けそうにない……変えよう……）

課題 B

[エジプト関連 情報は十分！] → [観光産業，世界遺産……おもしろい！] → [皆に伝えたい！] →

（書けそうだ！ この問題で書いてみよう！）

構想ⅱ　課題発見からテーマの絞り込みへ

5 問題の核心をテーマにする
Finding the specific topic which interests you most

　この問題に関してあなた自身が最も主張したい点を明らかにし、それをレポートのテーマにしよう。

① 選んだ問題に関する印象や思いをすべて書き出す。

例

エジプト、カイロ、アレキサンドリア、ナイル川、砂漠、ラクダ、行ってみたい……
ピラミッド、スフィンクス、ファラオ、ツタンカーメン、偉大だな……
遠い、高い、遠くても行く価値があるか？　高いお金を払うほど魅力的？
テロ事件、怖い！　危ない？　安全？　盗難が多い？

② 類似のことばをグループ化し、共通の特徴を別のことば(抽象的な名詞)で表し、自分自身の考えをはっきりさせる。

例

a. エジプト、カイロ、アレキサンドリア、ナイル川、砂漠……
→ 古代文明発祥地、観光地、観光名所

b. ピラミッド、スフィンクス、ファラオ、ツタンカーメン……
→ 歴史的世界遺産、古代建造物、史跡

c. テロ事件、怖い！　危ない？　安全？　盗難が多い？……
→ 治安、テロ・殺人・強盗発生率、安全性

d. 行ってみたい、見たい、魅力的、旅行したい、遠い、高い……
→ 観光事業、コスト、経済価値

③ 抽象的に表したことばの中から，一番主張したい点を探す。
　1　疑問点を考える 〈問い〉
　2　疑問点に答える
　3　答えられない疑問点は何か＝問題の核心 〈テーマ〉
　4　その疑問点について調べて他の人を説得したいか 〈問題提起〉
　5　あなたが予測している答は何か 〈主張〉

例

> エジプト、行ってみたいなぁ！
> でも、ちょっと怖いよね…。
> ピラミッド、一度は見てみたいよね…。
> 安全だって言われてもねぇ…。
> エジプトは危なくないよ。安全だから、おいでよ！

④ あなたが予測している答をテーマにして仮タイトルをつける。

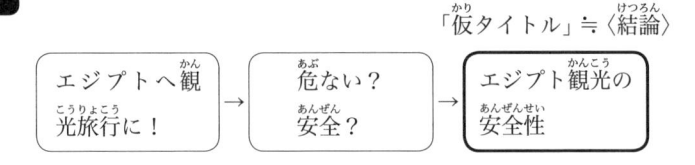

例

「仮タイトル」≒〈結論〉

エジプトへ観光旅行に！ → 危ない？安全？ → エジプト観光の安全性

構想ⅱ　課題発見からテーマの絞り込みへ

19

6 仮説を立てる　Formulating a hypothesis

あなたの選んだレポートのテーマで仮説を立ててみよう。

① あなたの立てた問題は何か　〈問題提起〉
② あなたが予測している答は何か　〈結論〉
③ なぜそのように考えるのか　〈理由〉
④ その結論が正しいといえる根拠（証拠，事実）があるか　〈根拠〉
⑤ 対立する考えに対してどう答えるか　〈反論とその根拠〉

例

> 問題提起：エジプトへの観光旅行は本当に安全か？
> 結論：エジプトへの観光旅行は安全である。
> 　理由：テロ事件や，殺人・強盗などの犯罪の発生件数は少ないから。
> 　根拠：世界各国で起きているテロ事件や犯罪発生率の統計データを見ると，エジプトは世界でも有数の安全な国である。

> 問題提起：エジプトへの観光旅行は本当に安全か？
> 異なる結論：エジプトへの観光旅行は安全ではない。
> 　理由：エジプトでのテロ事件はまだ記憶に新しく，殺人・強盗などの犯罪の発生件数も多いと聞いているから。
> 　根拠：人々のうわさや記憶に残るということは，現実にそれを経験している人が多いことによる。

⇕

> 反論：人々のうわさや記憶は，メディアの取り上げ方によって簡単に左右され，まったく当てにならない。
> 根拠：メディアのテロの取り上げ方と人々の印象の関連を調べて示す。

7 テーマ決定のプロセスをまとめる
Reviewing the topic selection process

　テーマを決定したプロセスを振り返ってまとめておこう。これはレポートの「はじめに」を書くときに参考になる。

① このテーマを選んだきっかけをまとめておく　〈動機〉

② テーマに関連する問題の現状をまとめておく　〈問題の背景〉

③ 疑問点を書く　〈問題提起〉

④ 仮説を示して研究の目的を書く　〈研究目的〉

構想ⅲ 全体のアウトラインを考える
Making an outline

ここでは、テーマに関連する情報を集めてレポート全体をどのように組み立てるのか見ていく。構想ⅱで扱った論証型レポートを例に説明する。

1 キーワードを選ぶ
2 キーワードで情報を集める
3 情報カードを作る
4 情報カードを分類・配列する
5 全体のアウトラインを決める

Here we observe the process from collecting relevant information to making an outline of a *ronsho-gata* report, using the same example as in the previous chapter.

1 Selecting keywords
2 Collecting information to support your conclusion
3 Making note cards
4 Classifying and arranging your note cards
5 Making the outline

1 キーワードを選ぶ Selecting keywords

構想 ii でテーマ決定に至ったプロセスを振り返り、テーマに関連するキーワードを選ぼう。

① 構想 ii の仮説から思いつくことばや文を書く。

例

- メディアによるテロ事件の取り上げ方は公正か？　中東諸国に悪いイメージを与えているのではないか？
- 間違ったイメージから、エジプトのピラミッドやスフィンクスなどの世界遺産を見逃してはいけない。……
- 他国と比べて多少危険であったとしても、エジプトの世界遺産は一度は見る価値があるほど壮大で魅力的である。

② 上の①で書いた文からキーワードを選ぶ。

例

エジプトの世界遺産、観光旅行、テロ事件・殺人・強盗・窃盗・暴行等、犯罪の発生率、統計データ、旅行者の安全性、マスメディアのテロ事件の取り上げ方、……

構想 iii　全体のアウトラインを考える

2 キーワードで情報を集める
Collecting information to support your conclusion

テーマに関連するキーワードをもとにして、さまざまな資料から信頼できる情報を集めよう。

① 文献・統計・事例資料
1 キーワードをもとに資料を検索して情報を集める。
2 信頼できる情報を選ぶ。
文献、公的機関による調査資料、専門的雑誌、新聞、画像など。
インターネットでは、<u>公的資料や専門家による資料</u>を選ぶこと。(構想ⅱ 1「レポート課題の分野を調べる」参照)
3 引用・参考資料には資料番号をつけて、情報カードにまとめて書く。
ワープロで書いておけば、レポートの参考文献にそのまま使える。特に、文献が多いときはワープロのほうが検索しやすく便利である。(構想ⅲ 3「情報カードを作る」参照)
4 必要な情報をカードに記録する。(構想ⅲ 3「情報カードを作る」参照)

② 調査資料
1 文献・統計資料で見つからない情報は、自分で調査する(アンケート調査、面接調査など)。
2 調査結果と考察をまとめる。
3 調査結果と考察の要点を情報カードに記録する。(構想ⅲ 3「情報カードを作る」参照)

3 情報カードを作る Making note cards

レポートに必要な情報は，情報カードに書き込んでいく方法，パソコンに直接入力する方法がある。ここでは情報カードの作成方法の例を示そう。

情報カードの例

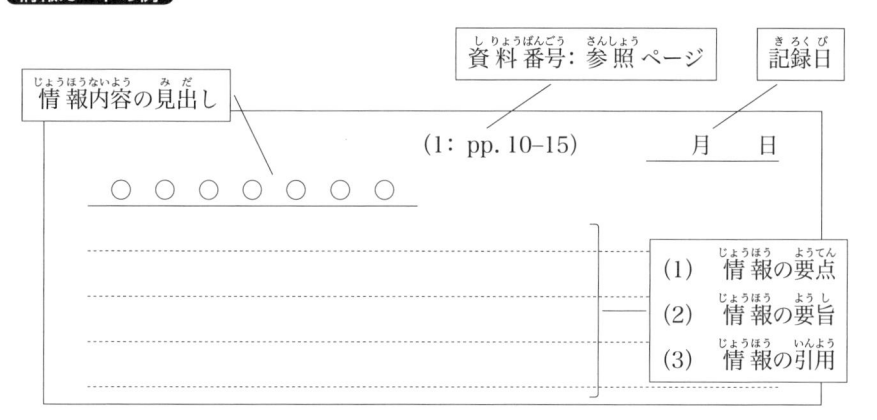

```
          ┌─────────────────┐  ┌──────┐
          │ 資料番号：参照ページ │  │ 記録日 │
┌──────────┐└─────────────────┘  └──────┘
│情報内容の見出し│
└──────────┘
                (1: pp. 10–15)        月   日

○ ○ ○ ○ ○ ○ ○

                              (1) 情報の要点
                              (2) 情報の要旨
                              (3) 情報の引用
```

- 情報は，(1)要点を箇条書きにする場合，(2)全体の要旨を書く場合，(3)情報自体をそのまま引用して書く場合がある。
- 1枚の情報カードに，一つの話題を書くこと。二つ以上の話題が書いてあると，後に情報カードを分類するときになって困る。
- 引用した資料の番号とページを書いておく。
- レポート・論文作成に使用した引用・参考資料の一覧を作成しておくと，引用文献を確認する際，役に立つ。情報カードでなくても，はじめからパソコンに入力しておいてもよい。

構想Ⅲ 全体のアウトラインを考える

Ⅰ レポート・論文を書く前に

参考資料の情報カードの例

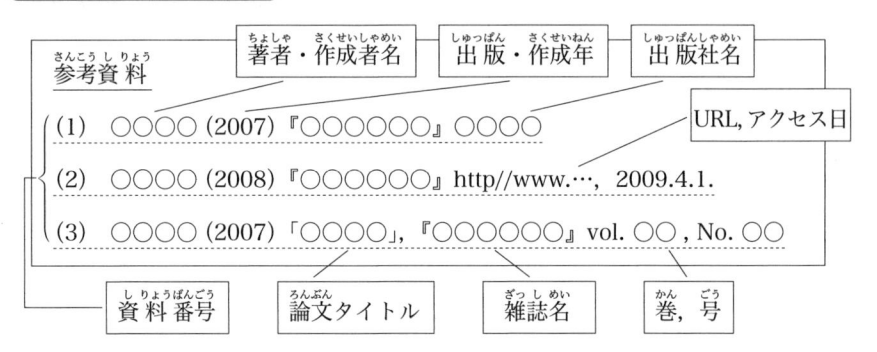

```
                    著者・作成者名      出版・作成年    出版社名
    参考資料
    (1)  ○○○○ (2007) 『○○○○○○』 ○○○○
                                                      URL, アクセス日
    (2)  ○○○○ (2008) 『○○○○○○』http//www.…, 2009.4.1.
    (3)  ○○○○ (2007) 「○○○○」,『○○○○○○』vol. ○○ , No. ○○
           資料番号       論文タイトル       雑誌名        巻, 号
```

・文献，調査資料は，著者・作者名，タイトル，出版・作成年，出版社名を書く。雑誌の場合は，引用した論文タイトル，雑誌名も書いておく。

・インターネット上の資料は，資料名，出版年，資料の作成者，機関，URL，アクセス日を書いておく。(コラム9「文献リストの記載方法」参照)

4 情報カードを分類・配列する
Classifying and arranging your note cards

集めた情報カードは、①〜④の流れで分類・配列する。

① テーマに直接関係しない情報はいったん別にしておく。後で必要になるかもしれない(特に注で補足情報として)ので、捨てないこと。

例

```
                              (2:p.10)        2月9日
ツタンカーメンについて
・古代エジプト第18王朝第12代の王 (BC1347–1338年頃に在位)
・1922年、王家の谷にある未盗掘の墳墓が発見された。
・黄金棺の中から、金のマスクをつけた王のミイラのほか、調度、装身具
 など、1700点を超える出土品が見つかった。
・当時の生活や工芸技術を知る重要資料。
```

② 内容的に類似する情報カードをまとめる。〈分類、カテゴリー化〉

③ 各カード群で共通の概念を見出し(名詞)にする。〈名詞化、見出し化〉

例

```
                                  (3)        2月10日
海外旅行先ベスト10
・一度でいいから行ってみたい海外旅行先ベスト10のトップはエジプ
 トである。
・その理由には、ピラミッドやスフィンクスなど、……
```

構想Ⅲ 全体のアウトラインを考える

Ⅰ レポート・論文を書く前に

```
(調査結果)                    2月20日
エジプトへの観光旅行の安全に関する意識調査
 ・調査対象：日本人大学生 65 名（男：32，女：33）
 ・調査目的：日本人がエジプト観光と安全性に対してどのように感じて
  いるかを知る。……
```

⇩

共通概念 → 見出し「エジプト旅行に対する一般的な印象」

④ 各カード群を論理的順番に並べる。

例

a. 時系列

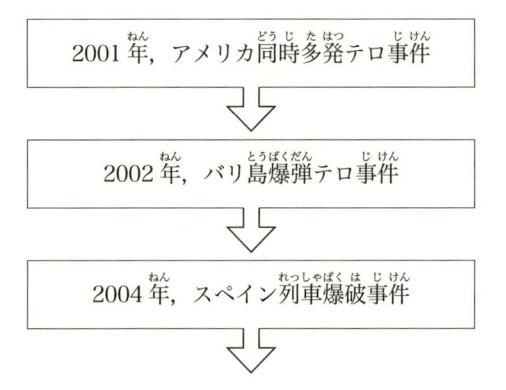

```
2001年，アメリカ同時多発テロ事件
```
⇩
```
2002年，バリ島爆弾テロ事件
```
⇩
```
2004年，スペイン列車爆破事件
```
⇩

b. 上位概念と下位概念

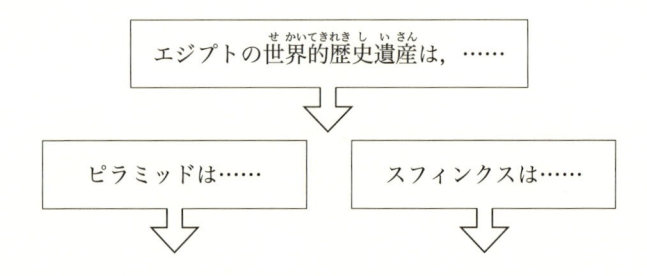

```
       エジプトの世界的歴史遺産は，……
```
⇩
```
ピラミッドは……         スフィンクスは……
```
⇩   ⇩

c. レポートのテーマから見た重要性

```
┌─────────────────────────────────────────────┐
│ 2000年から2006年までにエジプトで起きたテロ発生件数は │
│ 11件で世界50位……                              │
└─────────────────────────────────────────────┘
                    ↓
        ┌───────────────────────────┐
        │ 1位はイラクで4606件……      │
        └───────────────────────────┘
                    ↓
        ┌───────────────────────────┐
        │ 日本は20件で37位……         │
        └───────────────────────────┘
                    ↓
```

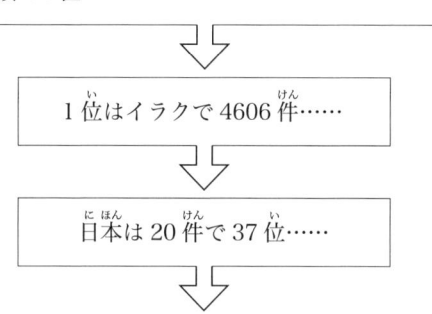

5 全体のアウトラインを決める　Making the outline

最後に, 全体のアウトラインを考えよう。

① レポートの仮タイトルと見出しから全体のアウトラインを考える。
　1　レポートの全体と各部分との関係。〈総論と各論〉
　2　各部分の論理的関係を考えてまとめる。〈上位概念と下位概念〉

例

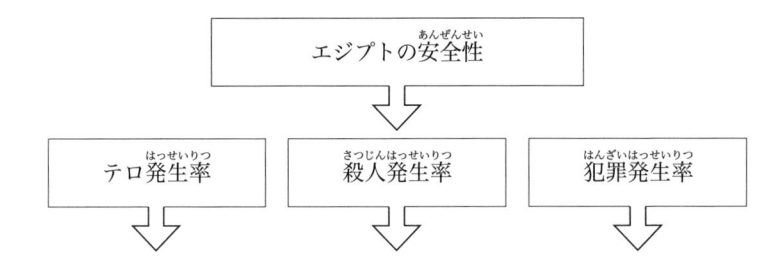

```
            エジプトの安全性
                 │
      ┌──────────┼──────────┐
      ▼          ▼          ▼
　テロ発生率　殺人発生率　犯罪発生率
      │          │          │
      ▼          ▼          ▼
```

② レポートの主張（結論）・理由・根拠を考えて, 全体の構成を見直す。

③ アウトラインを書く。

> 例

```
           エジプトへの観光旅行の安全性について
    1.  はじめに
        ..................................................................
    2.  エジプトに対する一般的な印象
        ..................................................................
    3.  エジプトの安全性
        3.1  テロ発生率
             ............................................................
        3.2  殺人発生率
             ............................................................
        3.3  犯罪発生率
             ............................................................
    4.  テロ事件に対するメディア報道の影響力
        ..................................................................
    5.  おわりに
        ..................................................................
```

構想Ⅲ　全体のアウトラインを考える

- タイトルと見出しは，レポートの完成後に，それぞれの内容をよく表しているか再検討して修正する。
- 論文の場合は，本書Ⅱに示すように，テーマの先行研究，研究方法，考察等すべての点でレポートより詳細な内容が必要とされるが，テーマを決める前の構想段階では同様のプロセスをたどる。
- この「エジプトへの観光旅行の安全性について」は，留学生のレポート作成における構想段階のプロセスを例にして，示したものである。レポートの全文は，web版レポートを参照。

[コラム2] レポート・論文でよく使う動詞
Verbs that frequently appear in reports/papers

レポートや論文でよく使う動詞を，研究行動を表す動詞，論述行動を表す動詞，認識・判断を表す動詞の3種類に分けて整理した。このほかにも専門分野でよく使う動詞があれば，リストに加えて併せて活用しよう。

Below is the list of the verbs that frequently appear in reports/papers, categorized into three groups: the verbs that represent a research action, the verbs that represent an arguing action and the verbs that represent one's perception/judgement. Please amplify the list by adding the verbs that are frequently used in your own field of study.

1 研究行動を表す動詞
（〜はその動詞を表す）

種別	番号	動詞	英訳	用例／用法
研究対象の設定	1	設定する	set	テーマを〜
	2	対象とする*	choose as object	…を研究の〜
	3	取り上げる	take up	…という問題を〜
	4	着目する	pay attention to	…という点に〜
	5	焦点を定める*	focus on	…という問題に〜
		焦点を当てる*	focus on	…という問題に〜
	6	絞る	narrow down on	…に論点を〜
	7	含める	include	…を研究対象に〜
	8	除外する	exclude	…を議論の対象から〜
	9	除く	exclude	…を議論の対象から〜
	10	限定する	limit	考察の対象を…に〜
	11	限る	limit	考察の対象を…に〜
	12	目的とする*	set as goal	…の解明を（研究の）〜
	13	目指す	aim	問題の解決を〜
概念規定	14	定義する	define	Aを…と〜
	15	呼ぶ	call	…をAと〜
	16	称する	name	…をAと〜
	17	分類する	classify	…をA，B，Cに〜

種別	番号	動詞	英訳	用例／用法
	18	大別する	classify roughly	…をAとBに〜
研究方法の選定	19	調査する	survey	…について／を〜
		調査を行う*	conduct a survey	…について／の〜
		調査を実施する*	implement a survey	…について／の〜
	20	実験する	experiment	…を検証するため〜
		実験を行う*	conduct an experiment	…を検証するための〜
	21	観察する	observe	経過を〜
	22	測定する	measure	温度を〜
ツールの指定	23	用いる	use	試料／機器／資料を〜
	24	使用する	use	試料／機器／資料を〜
	25	採用する	adopt	研究方法を〜
データ作成	26	収集する	collect	資料／データを〜
	27	採集する	pick	植物／虫／岩石を〜
	28	抽出する	extract	…から…を〜
	29	集計する	total	データを〜
計算	30	算出する	calculate	平均値を〜
	31	試算する	make a trial calculation	コストを〜
	32	求める	seek	解を〜
考察	33	検討する	examine	…を／について〜
		検討を加える*	conduct an examination	…について〜
		検討を試みる*	make a try to examine	…について／の〜
	34	考察する	consider	…を／について〜
		考察を加える*	give consideration	…について〜
	35	探究する	inquire	…を／について〜
	36	分析する	analyze	データ／調査結果を〜
		分析を行う*	conduct an analysis	…について／の〜

コラム2　レポート・論文でよく使う動詞

I　レポート・論文を書く前に

種別	番号	動詞	英訳	用例／用法
		分析を試みる*	make a try to analyze	…について／の〜
	37	解析する	analyze	データ／実験結果を〜
仮定	38	仮説を立てる*	make a hypothesis	…という〜
	39	仮定する	hypothesize	…と〜
	40	前提とする*	assume	…ことを〜
解釈	41	見なす	regard	…を…と〜
	42	解釈する	interpret	…を…と〜
		解釈を加える*	put an interpretation on	…について〜
		解釈を試みる*	make a try to interpret	…について／の〜
比較	43	比べる	compare	AとBの大きさを〜
	44	比較する	compare	AとBの大きさを〜
	45	対比する	contrast	AとBを〜
	46	対照する	contrast	AとBを〜
解明	47	明らかにする*	clarify	変化のプロセスを〜
	48	解明する	demonstrate	相違点を〜
	49	究明する	inquire	原因を〜
証明	50	証明する	prove	仮説の妥当性を〜
	51	実証する	demonstrate	データにより〜
	52	裏付ける	support	実例を挙げて〜
	53	検証する	examine	実験により〜
	54	論証する	demonstrate	資料に基づき〜
引用	55	引用する	cite	原文を〜，…の説を〜
評価	56	注目する	note	…の見解に〜
	57	同意する	agree	…（の論）に〜
	58	支持する	support	…の説を〜
	59	反論する	object to	…に〜

種別	番号	動詞	英訳	用例／用法
	60	批判する	criticize	…(の見解)を〜
提言	61	主張する	assert	…と〜
	62	提案する	propose	…ことを〜，…と〜
		提案を行う*	make a proposal	…という〜
		提案を試みる*	make a try to propose	…という〜
参照	63	参照する	see; refer to	…の論文を〜
	64	参考にする*	refer to	…の分析方法を〜

* 一つの動詞のように使われる連語。

2 論述行動を表す動詞　　　　　　　　　　（〜はその動詞を表す）

種別	番号	動詞	英訳	用例／用法
論述	65	論じる	argue	…について〜
	66	述べる	state	…と〜
	67	論述する	state	…について〜
報告	68	報告する	report	…について〜, …と〜
説明	69	紹介する	introduce	先行研究を〜
	70	説明する	explain	…について〜
	71	解説する	comment	…について〜
	72	詳述する	elaborate	…について〜
	73	概観する	survey	研究の現況を〜
	74	概説する	outline	研究史を〜
	75	略述する	outline	研究の経過を〜
	76	要約する	summarize	論文の内容を〜
言及	77	言及する	mention	…に〜
	78	論及する	refer to	…に〜
	79	触れる	touch upon	…に〜
指摘	80	指摘する	point	…という事実／ことを〜
掲示	81	示す	demonstrate	結果を図に〜, 例を〜
	82	挙げる	show	例を〜, 原因を〜
	83	記載する	enroll	英語名を〜
	84	掲載する	insert	一覧を付録として〜
総括	85	整理する	sort out	論点を〜
	86	まとめる	sum up	分析結果を〜
	87	結論づける	conclude	…と〜

3 認識・判断を表す動詞

種別	番号	動詞	英訳	用例/用法
結果の認識	88	示唆する	suggest	…(こと)が示唆される
	89	窺う	infer	…(こと)が窺える
	90	認める	recognize	…(こと)が認められる
	91	読み取る	read	…(こと)が読み取れる
判断	92	言う	say	…と言える
	93	考える	think	…と考える
				…と/ことが考えられる
	94	思う	think	…と思われる
	95	見る	see	…と見られる
	96	判断する	judge	…と判断できる/される
	97	推定する	estimate	…と推定できる/される
	98	推察する	infer	…と推察できる/される
	99	推論する	reason	…と推論できる/される
	100	推測する	guess	…と推測できる/される

この種の認識・判断を表す動詞は、基本形で用いるよりは、「用例/用法」の欄に示したような形で筆者の認識・判断を表すのに用いることが多い。

コラム2 レポート・論文でよく使う動詞

II
レポート・論文の表現
Expressions of the reports/papers

　IIには，レポートや論文でよく使う表現が，それらが現れるレポート・論文の構成部分ごとにまとめてあります。初めてレポートや論文を書く人は，まず見出しを眺めて，序論・本論・結論でどんな研究行動をするのか，それぞれの研究行動が全体のなかでどんな役割を果たしているのか，考えてみてください。

　In this part II, the expressions used for a report/paper are demonstrated. They are grouped in terms of the components of the report/paper they appear in. If you are writing a report/paper for the first time, have a look at the entries, as they will tell you what research actions are needed in the introduction, the discussion, and the conclusion, and how each of them supports the points you are going to make.

序論 i 研究の対象と背景　The object and background of the study

レポートや論文でははじめに、それが何についてのものかを示す。レポートや論文の対象について今どんな問題や疑問があるか、なぜその研究が必要なのかを説明する。また、その中で使われる重要な言葉の定義を示す。

A report/paper should begin with a statement of what it is about. You describe what problems and issues are recognized/associated with the object of your study and explain its necessity. Also, you should provide definitions of the important terms that will be used in your work.

1　研究対象を示す　Stating the research object

その論文が扱う対象について、AやBのような説明を行う。Cのように論文の対象と目的を短く示すこともある。

表現

A　1.　_研究対象_ は _説明_ である。
　　2.　_研究対象_ は _範疇_ の一種である。

B　1.　本研究の _研究対象_ は〜として [利用されている／知られている]。

C　1.　本稿は _研究対象_ の問題点 [を中心に／に焦点を当て／を取り上げて] 考察するものである。
　　2.　本稿は _研究対象_ についての _研究_ の成果を示す[*1] ものである。

A　1.　_Research object_ is _description_ .
　　2.　_Research object_ is a kind of _category_ .

B　1.　_Research object_ of this study is [used / known] as 〜.

C　1.　This article [mainly discusses / focuses on / deals with] _research object_ .
　　2.　The present paper reports the result of _research_ on _research object_ .

> 実 例

A a. サイレージは乳酸菌を活用した保蔵性の高い発酵粗飼料である。　（農芸化学）

　b. ドーパミンは生体内アミンの一種であるカテコールアミンという物質のひとつで，神経回路の情報処理に重要な役割を果している。　　　　　（作例，医学）

B a. 灯下採集は，プランクトンネットや地曳網を曳きにくい岩礁域などに生息する仔稚魚を採集するための有効な方法として知られている。　　　（魚類学）

C a. 本稿は，最近の小説，マンガなどに現れたジェンダー標示形式の使用例の観察を通じて，ジェンダー標示形式が談話においてストラテジーとして使用され種々の効果をあげていることを示し，その表現手段としての新たな可能性について考察するものである。　　　　　　　　　　　　　　　　　　　　（日本語学）

　b. 本論文は，1920〜30年代の知識人と農業，そこから生まれる文学を考察するための一つのケースとして，岩手県の農業状況の中に宮沢賢治の農業思想および作品を置き，そこから作品の新たな読みを提示するものである。（日本文学【web】）

> 注

*1 ここで使われる動詞には，ほかに以下のようなものがある。
　［論じる discuss／紹介する introduce／考察する consider／検討する inquire into］

序論 i　研究の対象と背景

2 問題の現状を説明する
Explaining the current situation of the problem

解決しようとしている問題の現状を示す。Aのような問題発生の報告、Bのような被害や影響の提示、Cのような物質の変化による影響の提示などがある。

表現

A 1. 近年、＿問題＿が [問題になっている／拡大している／広まっている／深刻化している]。
  2. 近年、＿問題＿の状況に [変化／問題] が [生じた／発生した]。

B 1. ＿原因＿は＿対象＿に被害を及ぼす*1。
  2. ＿原因＿は＿問題＿を [誘発する／引き起こす／もたらす]。
  3. ＿問題＿には＿原因＿が重要な役割を果たす。

C 1. ＿物質＿が＿変化＿する*2と、〜。

A 1. Recently, _problem_ is [becoming a problem / being maginified / spreading / becoming serious].
  2. Recently a [change / problem] [happened/ocurred] in the situation of _problem_.

B 1. _Cause_ would damage _object_.
  2. _Cause_ would [invite / cause / inflict] _problem_.
  3. _Cause_ would play a crucial role in _problem_.

C 1. If _material_ undergoes _change_, 〜.

実例

A a. 港奥部は、海岸線の大部分が垂直護岸など人工構造物になっている。また都市からの廃水による富栄養化や貧酸素水塊の出現も深刻である。　　　　　　（魚類学）

  b. 現在、日本は国際化と少子高齢化が同時に進行し、その結果として外国人人口の

増加や外国人の構成も多様化することが，当然であるとの認識が広まってきている。それにもかかわらず，対外国人意識は悪化しているが，国は十分な対策を立てていない。　　　　　　　　　　　　　　　　　　　　　　　　　（社会学【web】）

　c. 廃棄物を埋立処分するための最終処分場は残余年数が逼迫しており，大きな社会問題となっているが，……。　　　　　　　　　　　　　（環境資源学【web】）

B　a. 中国の食糧生産は1996年に史上初めて5億トンの大台に達するなど，1990年代後半にはかつてない大豊作が発生した。しかし，ほぼ同時に生産過剰が大きな問題となりはじめ，中国農業に，これまで経験したことのない，生産過剰と食糧価格の下落という新しい事態がもたらされている。　　　（農業経済学）

C　a. この亜硝酸が血液中に吸収されると，赤血球中のヘモグロビンと結合するため酸素欠乏となり，呼吸障害を引き起こすとされている。　　　（農芸化学）

注

*1　影響や被害を表す表現として以下のようなものがよく使われる。
　　［影響 influence／被害 damage］を［及ぼす／もたらす／与える／引き起こす］

*2　物質の変化についてよく使われる表現には以下のようなものがある。
　　［吸収される be absorbed／蓄積される be accumulated／摂取される be ingested／濃縮する be condensed／堆積する be piled up］

II レポート・論文の表現

3 状況の中で特に注目すべき事例に言及する
Highlighting the key points of the situation in question

レポートや論文が対象にしている問題の中で特に重要なことを示す。Aでは問題の中の重要なものを，Bでは重要な事例を，Cでは重要な原因を示して，注目させている。

表現

A　1. 近年，〜が問題になっている。このなかで特に__対象__が注目されている。
　　2. 近年，__現象__が__変化__している。なかでも，__対象__の状況は[深刻である／予断を許さない]。

B　1. 〜における重要な事例[1]の一つに__対象__がある。
　　2. 〜の[代表／典型／一例]として__対象__があげられる。

C　1. __現象__が生じた要因として，__対象__[2][があげられる／も無視できない]。

A　1. Recently, 〜 seems to be getting more serious. Especially, _object_ calls for attention.
　　2. Recently, _phenomenon_ seems to be going through _change_. Especially, the circumstances of _object_ are [serious / beyond any prediction].

B　1. _Object_ is a significant case in 〜.
　　2. _Object_ is a [representative case / typical case / example] of 〜.

C　1. We [should mention / cannot ignore] _object_ as one of the factors that have caused _phenomenon_.

実例

A　a. 1990年代初頭より日本経済は円高とバブル崩壊によって深刻な不況を経験し，その影響を受けて多くの産業で成熟化が問題となった。一方この間東アジア各国は目覚しい経済成長を達成した。こうしたなか……，円高で比較優位を失っ

た事業活動の優位性を回復させるために，日本の製造企業は東アジアに大々的な生産展開を行ってきたのである。

(経営学【web】)

B a. 近年輸入が拡大している農産物の代表として野菜があげられる。なかでも，1990年代に輸入量が急激に増加し，シェアを拡大させているのが中国産野菜である。

(農業経済学)

C a. 先進諸外国と比べると，わが国の労働者のプライバシー保護は非常に立ち遅れているといってよい。その原因として，わが国の……労働安全衛生法などの法令が，むしろ労働者のプライバシー保護の発展を阻んできたことがあげられる。情報化がますます進展する中で，このような状況を放置することは，深刻なプライバシー侵害を引き起こす可能性がある。労働者のプライバシー保護の観点から，情報化社会にふさわしい労働関係のあり方を検討する必要があるといえる。

(序論 i 2 → 3 → 5) (法学【web】)

注

*1 ここで使われる表現として，ほかに以下のような組み合わせがある。
［重大な grave／深刻な serious／顕著な conspicuous］＋［現象 phenomenon／問題 problem／例 case］

*2 ここで使われる表現には，ほかに以下のようなものがある。
〜の［影響 influence／作用 effect／被害 damage／副作用 side effect］

4 疑問・推論を提示する　Presenting a question/an inference

レポートや論文は、疑問を立て、答えをさがすために書かれる。文の形は、Aのように問いを立てるもの、Bのように推論を示すものなどがある。

表現

A　1.　__対象__ は〜（の）であろうか。
　　2.　なぜ __対象__ は〜（の）であろうか。

B　1.　この __問題__ は、__仮説__ ではないだろうか。
　　2.　__仮説__ （である）可能性もあるのではないだろうか。

A　1. Is it that _object_ is 〜?
　　2. Why is it that _object_ is 〜?

B　1. Is it not the case that _problem_ is _hypothesis_ ?
　　2. Is it not possible that _hypothesis_ ?

実例

A　a.　このように農村労働力の都市での就業が深化しているが、彼らの都市での就業実態はどのようなものであろうか。　　　　　　　　　　　（農業経済学）

　　b.　しかし、賢治の農業思想とは何だったのか、そして作品と農業思想とがどのような関係性を持っているのかについては未だ十分な考察がなされていない。単に農本主義で括るのではなく、1920〜30年代という時代の中で宮沢賢治が農業に何を見出していったのか、賢治作品に時代の何が批判されているのかが問われなければならないだろう。　　　　　　　　　　　　　　　　　　（日本文学【web】）

B　a.　フィクションの中でジェンダー標示形式の使用が多いとすれば、ステロタイプが誇張されている可能性ももちろんあるが、談話における技巧や談話のストラテジーとして機能している可能性もあるのではないだろうか。　　　　　（日本語学）

46

5 研究の必要性・重要性を示す
Stating the necessity/importance of the study

不足している点を指摘して、なぜその研究が必要なのかを示す。Aは何を明らかにしたいのか、Bは何のために研究が必要か、Cは研究によって何ができるかを示している。

表現
A 1. <u>　課題　</u>は不明であり、その解明が求められている。
　 2. 〜における<u>　課題　</u>の解決が待たれる。

B 1. 〜するためには<u>　研究　</u>が [必要である／必要となる／欠かせない／不可欠である]。
　 2. 〜の対策として、<u>　課題　</u>を<u>　研究行動　</u>することが考えられる。

C 1. もし<u>　課題　</u>を<u>　研究行動　</u>することができれば、〜になる。

A 1. <u>Problem</u> is not known and calls for a clarification of it.
　 2. A solution to <u>problem</u> in 〜 is eagerly awaited.

B 1. For doing 〜, <u>research</u> is [needed / indispensable].
　 2. As a possible countermeasure to 〜, we might think of doing <u>research action</u> of <u>object</u>.

C 1. We can reasonably expect that <u>research action</u> of <u>object</u> will achieve 〜.

実例
A a. SPI遺伝子のプラスミド上の存在の意義や役割、その由来は不明である。

(農芸化学)

　 b. 曳網を用いることが困難な運河における仔稚魚の出現様式についてはほとんど知られていない。

(魚類学)

Ⅱ レポート・論文の表現

B a. 飼料原料を海外に依存するのではなく，国内での安全・低コストでかつ家畜の嗜好性の高い高栄養価の自給飼料調製が強く求められている。　　（農芸化学）

b. 住生活基本計画を地方の実情に応じた計画とするためにも，住戸規模における地方差の背景を探ることは，欠かせない作業であると考える。（建築学【web】）

c. 最終処分場への負担を軽減するため焼却灰リサイクルのニーズが高まる中，焼却灰中の重金属やレアメタルを有効利用する技術の確立も望まれている。

（環境資源学【web】）

C a. もし，船酔いの耐性力が予測できて，耐性力の弱い者に対して船酔いに対する「慣れ」の効果が期待できるようなトレーニングができれば，精神的・肉体的な苦痛を軽減させることができ，航海の安全性も高まる。　　（健康スポーツ科学）

6 用語を定義する　Defining terms

レポートや論文では語の意味をはっきりさせなければならない。Aは筆者による定義であり，Bは第三者による定義を取り入れたものである。

表現

A　1.　_用語_ とは _定義／説明_ を意味する。

　　2.　_用語_ とは _定義／説明_ を[いう／さす]。

　　3.　_用語_ とは _定義／説明_ のことである。

B　1.　_用語_ とは _定義／説明_ とされる。

A　1.　_Term_ means _definition / explanation_ .

　　2.　_Term_ [refers to / indicates] _definition / explanation_ .

　　3.　_Term_ is _definition / explanation_ .

B　1.　_Term_ is regarded as _definition / explanation_ .

実例

A　a.　「三農問題」とは，中国における「農業」「農村」「農民」の三つの問題を意味する。
　　　　　　　　　　　　　　　　　　　　　　　　　　　　　　　　　　（作例，農業経済学）

　　b.　分属とは反応性の違いを利用して，陽イオンをいくつかの属に分類することである。
　　　　　　　　　　　　　　　　　　　　　　　　　　　　　　　　　（レポート，化学【web】）

B　a.　「個人情報」とは，個人情報保護法2条にも定義されているが，「生存する個人に関する情報であって，当該情報に含まれる氏名，生年月日その他の記述等により特定の個人を識別することができるもの（他の情報と容易に照合することができ，それにより特定の個人を識別することができることとなるものを含む）」とされる。
　　　　　　　　　　　　　　　　　　　　　　　　　　　　　　　　　　　　　（法学【web】）

序論Ⅰ　研究の対象と背景

7 略称を導入する　Introducing abbreviations

名称が長く複雑で略称を用いる場合には，初めて出てきたところで呼び方を紹介する。Bのように用語の後に（　）に入れて示す場合もある。

表現

A　1. 本稿では，__用語__ を「__略称__」と呼ぶ。
　　2. 本稿では，「__用語1__／__用語2__」をそれぞれ「__略称1__／__略称2__」と呼ぶ。
　　3. 本稿では，__用語__ として「__略称__」という名称を用いることとする。

B　1. __用語__（[以後／以下]，「__略称__」と [する／呼ぶ／略す]）は，〜。

A　1. In this paper, we term _term_ " _abbreviation_ ".
　　2. In this paper, we term _term 1_ and _term 2_ as " _abbreviation 1_ " and " _abbreviation 2_ ", respectively.
　　3. In this paper, we use " _abbreviation_ " for _term_ .

B　1. _Term_ ([hereafter] " _abbreviation_ ") is 〜.

実例

A　a. なお，本稿では紙幅の節約のため「男性専用／女性専用とされてきたジェンダー標示形式」をそれぞれ「男性／女性形式」と呼ぶ。　　　　　　　　　　　（日本語学）

　　b. なお本論では，……特に断らない限り，「共通漁業政策 (Common Fisheries Policy)」を扱う機関としては「EU」ではなく「EC」の名称を用いることとする。　　　　　　　　　　　　　　　　　　　　　　　　　　　　（国際関係論）

B　a. なかでも，ILOが1996年に作成した「労働者の個人データ保護に関する行動準則」（以下，ILO行動準則）が重要である。　　　　　　　　　　（法学【web】）

b. こうした疑問が本研究課題の動機となり、「○○語系話者は母語からの負の転移により日本語破裂音のボトムアップ処理段階で問題が生じているために談話の聴解力(以後「聴解力」と呼ぶ)が劣る」との仮説を立てるに至った。(音声学)

c. そこで、以下では持家の一戸建・長屋建(以下「持家」と略す)、および民営借家の共同住宅(以下「民借」と略す)の2タイプを分析する。(建築学【web】)

[コラム3] 句・節・文の末尾の形
Ending forms of phrases/clauses/sentences

レポート・論文の句・節・文の末尾の表現は，プレゼンテーションや日常会話などの話し言葉とは異なり，書き言葉の文体である。

The style, words and phrases used for writing a report/papers are different from those used for an oral discussion/presentation, and greatly differ from informal, everyday conversation.

1 文の末尾

① 使用しない表現

・「です／ます体」は使わない。
　例：☹日本です，困難です，述べます

・「−だ体」はあまり使わない。「−する／である体」を使う。
　例：☹日本だ，困難だ
　　　☺日本である，困難である，述べる

・縮約形を使わない。
　例：☹日本じゃない，困難になっちゃう，述べてる
　　　☺日本ではない，困難になってしまう，述べている

・間投助詞や終助詞は使わない。
　例：☹日本ではさ，困難であるとね，述べられているよ。
　　　☺日本では困難であると述べられている。

② 断定の表現

・名詞／な形容詞（なの）［である／であった／ではない／ではなかった］
　例：☺日本なのである，困難であった，困難ではない，困難ではなかった
　　　☹日本なのです，困難でした，困難ではないです，困難ではなかったです

- い形容詞／い形容詞-く［ない／なかった］
    例: ☺ 多い，多かった，多いのである，多くない，多くなかった
        ☹ 多いだ，多いだった，多いである，多いない，多いなかった

- 動詞［る／た／ている／ていた］／動詞［ない／なかった］（のである）
    例: ☺ 述べる，述べていた，述べていない，述べていなかったのである
        ☹ 述べるだ，述べてた，述べていません，述べてなかったである

③ 推測の表現

- 名詞／な形容詞／い形容詞／動詞［る／た／ている］［だろう／であろう］
    例: ☺ 日本であろう，困難であろう，多いであろう，述べているであろう
        ☹ 日本でしょう，困難でしょう，多いであるだろう，述べてるでしょう

- 名詞-では／な形容詞-では／い形容詞-く／動詞［ないだろう／なかっただろう］
    例: ☺ 日本ではないだろう，困難ではないだろう，多くないだろう，行かないだろう
        ☹ 日本ではないでしょう，困難ないだろう，多いないだろう，行かないでしょう

- い形容詞-かろう*1
    例: ☺ 多かろう，少なかろう
        ☹ 多いでしょう，少ないでしょう

④ 問題提起／疑問の提示の表現

- 名詞／な形容詞／い形容詞／動詞（る／た／ている）［だろう／であろう］か
    例: ☺ 日本であろうか，困難であろうか，多いだろうか，述べているであろうか
        ☹ 日本でしょうか，困難でしょうか，多いであるだろうか，述べているでしょうか

コラム3　句・節・文の末尾の形

53

・名詞-では／な形容詞-では／い形容詞-く／動詞 [ないだろう／なかろう／なかっただろう] か

例: ☺ 日本ではないだろうか，困難ではなかろうか，多くないだろうか，述べていなかっただろうか
　　☹ 日本じゃないだろうか，困難ないだろうか，多いでないだろうか，述べてないでしょうか

2　句・節の末尾

① 「名詞-であり」，「な形容詞-であり」，「い形容詞-く」，「動詞のます形の語幹 (連用中止形)」をよく使う。

例: ☺ 日本であり，〜。困難であり，〜。多く，〜。述べ，〜。
　　☹ 日本で，〜。困難で，〜。多くて，〜。述べて，〜。
　　☺ 安静値に対する回復期の変化量は paired t-test，群間比較は unpaired t-test を用い，それぞれの危険率 5% 未満を有意とした。
　　☹ 安静値に対する回復期の変化量は paired t-test，群間比較は unpaired t-test を用いて，それぞれの危険率 5% 未満を有意とした。

② 「-て形」は，前件と後件の関係が強いとき，または連用形が連続するときに使われる。

例: ☺ 本稿ではアナール学派社会史のアプローチを採用して経年的検討を行い，現状に至った歴史的経緯を把握する。
　　☹ 本稿ではアナール学派社会史のアプローチを採用し，経年的検討を行い，現状に至った歴史的経緯を把握する。

---

*1　人文・社会科学系の論文で使われることがある。

[コラム4] 複文を用いた表現
Use of subordinate clauses

　レポート・論文では，プレゼンテーションや日常会話などの話し言葉，また小説や随筆などの書き言葉に比べて，連用修飾節や連体修飾節を用いた複文が多く使用される。短文の連続では前後の意味関係がわかりにくいので，複文にして，前後の論理的な関係をはっきりさせる。

　Complex sentence structures which consist of a main clause and a subordinate clause are utilized more frequently in academic writing than in speech and in literary writing such as novels and essays. A complex sentence structure is preferred to a sequence of short, choppy sentences because it clarifies the logical relations between ideas to be conveyed.

1 連用修飾節を使った複文

① 「ので，から，ため，ども，ものの，ながらも，が」などの接続表現(本書Ⅲ)を使って複文にし，前後の論理的な関係をはっきりさせる。

例： ☺ 戦後，医療技術が高度に発達し，死亡率が激減したが，出生率も激減したために，高齢者の割合が増えた。

　　 ☹ 戦後，医療技術が高度に発達した。そして，死亡率が激減した。しかし，出生率も激減した。それで，高齢者の割合が増えた。

② 「ので，から，ため」などの同じ意味の接続助詞を，1文中に2つ以上使ってはいけない。同じ意味の接続助詞を1文中に2つ以上使いたい場合は，一方を動詞のて形やます形の語幹(連用中止形)でつなぐか，接続詞を使って2文にする。

例： ☺ 戦後，医療技術が高度に発達して死亡率が激減したが，出生率も激減したために，高齢者の割合が増えた。

　　 ☺ 戦後，医療技術が高度に発達したため，死亡率が激減した。しかし，その一方で，出生率も激減したので，高齢者の割合が増えた。

　　 ☹ 戦後，医療技術が高度に発達したので，死亡率が激減したが，出生率も激減したために，高齢者の割合が増えた。

③比較対照の意味を表す助詞「は」など，他の文法的要素によって，前文と後文の論理的関係がはっきりしている場合は，接続詞を使用しなくてもよい。

例：☺ 脈拍は，若年群より中年群のほうが高い値を示していたが，有意な差ではなかった。(一方，)血圧は，中年群のほうが高い値を示しており，有意な差が見られた。

2 連体修飾節を使った複文

① 「[修飾節（い形容詞／な形容詞／名詞（の／的な）／文)]＋名詞」の連体修飾節を使って，前後の論理的な関係をはっきりさせる。

例：☺ [戦後，急速に経済成長を遂げた]日本は，食料自給率がほぼ一貫して低下し，今世紀初頭には40%に低下するなど，輸入農産物への依存をますます強めている。

☹ 戦後，日本は急速に経済成長を遂げた。同時に，日本は食料自給率がほぼ一貫して低下した。今世紀初頭には40%に低下した。日本は輸入農産物への依存をますます強めている。

② 1の①のような，連用修飾節を使った複文といっしょに使うことが多い。

例：☺ ここで，[チョムスキーの影響を色濃く受けながらも，チョムスキーとは異なる言語理論を展開した]山田の文法論にふれ，山田の視点からチョムスキーの言語理論に対する見方について考えたい。

☹ ここで山田の文法論にふれる。山田はチョムスキーの影響を色濃く受けた。しかし，チョムスキーとは異なる言語理論を展開している。山田の視点からチョムスキーの言語理論に対する見方について考えたい。

[コラム 5] 話し言葉と異なる表現
Terms used in reports/papers as contrasted to their colloquial counterparts

　レポートや論文では，話し言葉と違った表現が数多く使われる。日常会話ではあまり使わないが，レポートや論文でよく使う表現を集めてみた。これらのうち，どのぐらい知っているか，使えるか，チェックしてみよう。

　There are words and phrases specifically used in reports/papers that you seldom hear in everyday communication. Below is a list of such terms. Please check how many you understand, and how many you use yourself.

種別	番号	表現	意味	英訳	用例
名詞・名詞の一部	1	本…	この…	this	本研究，本論文，本稿，本報告，本章，本節
	2	筆者	私	I	筆者は前報で…について報告した。
	3	…ら	…たち	(plural marker)	田中らはその原因を明らかにした。
動詞	4	行う	する	do; perform	図1の装置により実験を行った。
	5	用いる	使う	use	最近10年間のデータを用いる。
	6	示す	見せる	show	表1に調査結果を示す。新たな抽出法の有効性が示された。
	7	異なる	違う	differ	男女の意識は大きく異なっている。
	8	見出す	見つける	find	そのような例は見出せない。
	9	述べる	言う，書く	state	分析結果は以下に述べるとおりである。
	10	考えられる	思う	think	若者の意識が変化したと考えられる。
形容詞的表現	11	多くの[*1]	たくさんの	numerous	多くの問題が生じている。
	12	様々な	いろいろな	various	これについては様々な見方がある。
	13	わずかな	少しの	slight	わずかな誤差が見られた。
連体詞	14	あらゆる	全部の	all; every	あらゆる生物の共通点は何だろうか。
	15	いわゆる	よく言われる	so-called	これがいわゆるフェーン現象である。
指示表現	16	こうした，こういった	こんな，こういう	like this	こうしたケースが数多く見られる。

II レポート・論文の表現

種別	番号	表現	意味	英訳	用例
	17	前述の，先述の，先に述べた	前に書いた	previously mentioned	先に述べたように，この点についての先行研究の見解は一致していない。
	18	上述の，上に述べた	すぐ前に書いた	mentioned above	上述のように，睡眠には2種類ある。
	19	後述の，後に述べる	後で書く	to be mentioned later	この点については後に詳しく述べるとおりである。
	20	前掲の	前に挙げた	above	前掲書[*2]，前掲論文[*2]
	21	前者	二つのもののうち前のもの	the former	行動パターンにはタイプAとタイプBがある。後者に比べて，前者は心臓病につながりやすい。
	22	後者	二つのもののうち後のもの	the latter	
疑問表現	23	いかなる	どんな	what kind of; whatever	いかなる方策が考えられるだろうか。
	24	いかに	どう，どれぐらい	how much	この問題がいかに深刻かがわかる。
	25	いずれも	どちらも，どれも	both, all	A群とB群はいずれも20名からなる。
副詞的表現	26	すべて	全部	all	調査の回答はすべて選択式とした。
	27	ともに	両方とも	both	男女ともに肯定的意見が多かった。
	28	ほぼ	だいたい	approximately	ほぼ全員が「はい」と回答した。
	29	まったく	全然	not at all	測定値にはまったく変化がなかった。
	30	極めて	とても	extremely	その可能性は極めて低い。
	31	著しく	とても，目立って	conspicously	出生率は著しく低下した。
	32	やや	少し	somewhat	鉄鋼の生産量はやや減少している。
	33	最も	一番	most	…はアジア諸国の中で最もGDPが低い。

種別	番号	表現	意味	英訳	用例
	34	はるかに	ずっと	far more	伸び率は前年度よりはるかに高い。
	35	徐々に	だんだんに	little by little	温度は徐々に低下した。
	36	次第に	だんだんに	gradually	離婚率は次第に上昇している。
	37	常に	いつも	always	常に改善に努める必要がある。
	38	既に	もう	already	この点は山田が既に指摘している。
	39	いまだに	まだ	yet	その原因はいまだに解明されていない。
	40	依然として	まだ、相変わらず	still	景気の低迷は依然として続いている。
	41	おそらく	たぶん	probably	その傾向はおそらく今後も続くであろう。
	42	いわば	言うならば	so to speak	これはいわば地球規模の課題である。
接続表現*3	43	および	と	and	教員および学生を対象に調査を行った。
	44	すなわち	言い換えれば	in other words	その原因は三つある。すなわち、…、…、…である。
	45	その結果	そうしたら	as a result	実験を行った。その結果、…が判明した。
	46	したがって	だから	therefore	被験者の血圧が有意に低下した。したがって、服薬効果があると考えられる。
	47	また	それから	in addition	杉材は加工しやすい。また、安価である。
その他	48	…，…，…など	…とか…とか…	... and so forth	感覚には視覚、聴覚、味覚などがある。このロボットは歩く、手を振る、物を運ぶなどの動作ができる。
	49	…にすぎない	…(で)しかない	no more than	これらの例は多くの中の一部にすぎない。
	50	…可能性がある	…かもしれない	be possible	火山活動が活発化する可能性がある。

*1 コラム10「形容詞の例外的な使い方」参照。
*2 主に注において、既に挙げた先行研究を示す場合に用いる。
*3 III「レポート・論文の接続表現」参照。

序論 ii　先行研究の提示　Discussing previous studies

序論では，研究テーマに関してこれまでどのような研究が行われているか，また，どのような点が明らかになり，どのような点が課題として残されているかを示す必要がある。それによって，今書いている論文の意義も明確になる。(⇒引用の方法や参考文献の書き方については，コラム6〜9を参照)

In the introductory section, you should state what research has been conducted on the issue, what has been proven and what remains open for inquiry. This will clarify the significance of your study. (As for the conventions for quotations and references, see columns 6〜9)

1　研究分野で共有されている知識を示す
Depicting the current state of understanding within the field

その研究分野で共通に理解されていることを述べる。その後で，それに対する疑問や，論文のテーマとの関係を示すこともある。(⇒序論 ii 6「先行研究が不十分であることを示す」参照)

表現

A　1.　_研究課題_ については，_共有知識_ と[認識されている／言われている]。
　　2.　_研究課題_ については，_共有知識_ が知られている。
　　3.　これまでの研究によれば，_共有知識_ である。
　　4.　_共有知識_ は周知の通りである。

A　1.　_Research topic_ is [recognized as / said to be] _common knowledge_.
　　2.　About _research topic_, it is known that _common knowledge_.
　　3.　It is generally agreed upon within previous studies that _common knowledge_.
　　4.　It is well known that _common knowledge_.

実例

A　a.　冠動脈疾患の患者では有酸素運動が心身ともに有用であることが知られている。しかしながら，健常人における長期の有酸素運動プログラムによる気分改善効果は，十分には検討されていない。
　　　　　　　　　　　　　　　　　　　　　　　　(序論 ii 1 → 6)(医学)

b. 船酔いや車酔いなどの動揺刺激による体調の悪化を動揺病と言い，現在では自律神経系の失調に起因していると考えられている。動揺病の発症については，感覚混乱説が有力視されている。　　　　　　　　　　　　（健康スポーツ科学）

c. 今日マスコミュニケーション研究においてフレームという概念は，極めて広範囲に渡って利用されており，最もポピュラーな概念の一つといえる。しかし，エントマン (Entman [1993]) が言うように，その利用のされ方は多様であり，混乱を招いてもいる。　　　　　　　　　　　　　　（マス・コミュニケーション研究）

d. 住戸規模の平均が，北陸など日本海に面する冬季多雪地方で大きく，大都市圏や南九州などで小規模であることは，広く知られている。　　（建築学【web】）

e. 周知のように，これまでの中国農村労働力の都市への移動は，長期にわたって「出稼ぎ」という概念から説明されることが多かった。　　　（農業経済学）

2 先行研究の存在を示す
Citing the existence of previous studies

レポートや論文のテーマに関係する先行研究の存在を示す。

表現

A 1. _研究課題_ については、[多くの／一連の／いくつかの] 研究が [行われている／行われてきた]。
  2. _研究課題_ には [多くの／一連の] 研究の蓄積がある。
  3. 近年、_研究課題_ についての研究が急速に発展している。
  4. _研究課題_ についての研究としては、_論文1_ 、_論文2_ などが [ある／挙げられる]。

A 1. [A large number of / a series of / several] studies [are being / have been] conducted on _research topic_ .
  2. [A large number of / a series of] studies have been accumulated on _research topic_ .
  3. Recent years have seen a rapid development in the studies on _research topic_ .
  4. _Research topic_ was discussed in _literature 1_ and _literature 2_ , (and others).

実例

A a. EC 共通漁業政策の成立過程と初期の展開を国家間のパワーゲームの一例として考察した研究として、古くは Leigh (1983) や Wise (1984) の著作、また近年における Conceicao-Heldt (2004) の論考がある。　　　　　　（国際関係論）

  b. 初等中等教育段階での作文の指導については、国語教育の分野に研究の蓄積がある。　　　　　　　　　　　　　　　　　　　　　　　　　　（教育学）

3 先行研究の全体的な特徴を示す
Stating the general characteristics of previous studies

研究課題に関連する先行研究の全体的な特徴や傾向を示す。

表現

A 1. ___研究課題___ についての従来の研究は，___研究行動___ している。
　2. これまでの研究では，〜に焦点が当てられてきた。
　3. ___研究課題___ については，〜の[側面／点]から研究されてきた。

A 1. Previous studies on _research topic_ have done _research action_ .
　2. Previous studies focused on 〜.
　3. _Research topic_ has been studied [from the aspect / in respect] of 〜.

実例

A a. これらの研究は，ECを舞台とする政府間交渉によって行われた漁業外交の姿を分析している。
　　　　　　　　　　　　　　　　　　　　　　　　　　　　（国際関係論）

　b. これまでの「オルタナティブ・メディア」の先行研究では，……社会的なイッシューを扱っていること (social)，社会に対して自らの立場表明を行うこと (advocative)，……といったおおまかな合意が成立している。
　　　　　　　　　　　　　　　　　　　　　　（マス・コミュニケーション研究）

　c. パニック障害に関するこれまでの研究では，特定の場面や状況における苦手な行動を克服するといった，セルフ・エフィカシーの特異的な側面を測定してきたものは多くみられるものの，セルフ・エフィカシーのもう1つの側面である一般性セルフ・エフィカシーに関する検討は数少ない。　　　　（医学）

　d. 学術論文に対しては，ジャンル分析を用いた研究が多く行われており，「緒言」や「結論」部分などにおける構成要素の分布が徐々に明らかにされてきている。
　　　　　　　　　　　　　　　　　　　　　　　　　　　　（日本語教育学）

4 先行研究の知見に言及する
Mentioning a specific finding from previous research

　A, Bともに先行研究の内容や先行研究で明らかになった点を，今回の研究課題に関係づけて述べる表現である。このうちBは，何によって明らかにしたか，研究のプロセスもあわせて示す。(⇒本論iv 4「先行研究の議論を整理し，自分の議論に結びつける」参照)

表現

A 1. _先行研究_ は _知見_ と [している／述べている／指摘している]*1。
　　2. _先行研究_ は _知見_ を [挙げている／明らかにしている]*2。
　　3. _先行研究_ に [よれば／よると], _知見_ [という／である]。
　　4. _先行研究_ では, _知見_ [という／との] [説明／報告] がなされている。

B 1. _先行研究_ は _研究課題_ について [調べ／調査し／実験を行い], _知見_ ことを明らかにしている。

A 1. _Previous study_ [concludes / states / points out] that _finding_ .
　　2. _Previous study_ [presents / revealed] that _finding_ .
　　3. According to _previous study_ , it [is said that / is] _finding_ .
　　4. In _previous study_ is [explained / reported] that _finding_ .

B 1. _Previous study_ [investigated / surveyed / experimented] on _research topic_ and revealed that _finding_ .

実例

A a. 日本労働協会 (1984) は……日本企業の現地生産活動が雇用に与えた影響を推計し，全体として負の影響を与えたとの結論を得ている。この種の推計はそれ以後も官庁統計を利用して行われ，近年では通産省 (1995, 1998) がやはり負の影響をもたらしたとしている。
　　　　　　　　　　　　　　　　　　　　　　　　　　　(経営学【web】)

b. 内閣府発行の『日本21世紀ビジョン』では，……単純労働者を公的には受け入れない現在の方針を「現実に即したものとなっていない」(内閣府 2005: 239) と述べている。　　　　　　　　　　　　　　　　　　　　　(社会学【web】)

c. 2004年に実施された出稼ぎ農村出身者にたいする調査によれば，彼らの賃金は都市の一般労働者の58%にすぎなかったという。　　(農業経済学)

d. 遠藤 (1997) は，文化庁が1995年に実施した「国語に関する国勢調査」の統計結果を紹介し，「ことばの性差に関する意識は世代差が極めて大きい」，「高齢者ほど，しかも男性ほど性差があるほうがいいと考える」(p. 177) と分析している。　　　　　　　　　　　　　　　　　　　　　　　　(日本語学)

B a. Hyland (1999) は，文系・理系の8分野80論文を対象に調査を行い，文系の論文は理系に比べ引用が多く，引用の動詞を多用していることを報告している。
　　　　　　　　　　　　　　　　　　　　　　　　(作例，英語教育学)

b. 『源氏物語』における人物のコミュニケーションの仕方については，近年，ジェンダー論の見地から，いくつかの研究が行われている。山口 (2002) は男女の対話場面228例を検討し，(1) 話の口火を切り，会話をリードするのは主に男性であること，(2) 男性がことばを用いるのに対して，女性は態度で答えることが多いこと，の2点を指摘している。　　　(序論ii 1→4) (日本語学)

注

*1 そのほかによく使われる表現として，以下のものがある。
　～と [報告する report／考察する consider, examine／分析する analyze／説明する explain／論じる argue／推測する suppose／反論する refute／提案する propose／提起する raise／提唱する advocate]
　～を～と [批判する criticize／評価する evaluate／定義する define／解釈する interpret]
*2 そのほかによく使われる表現として，以下のものがある。
　～を [発見する find／検証する examine／確認する confirm]

5 先行研究についての解釈を示す
Presenting an interpretation of previous studies

Aは先行研究の内容についての筆者の解釈を述べる。Bは複数の先行研究の知見をまとめたうえで、そこから自分の研究課題の提示へとつなぐ。(⇒コラム2「論文・レポートでよく使う動詞」参照)

表現

A 1. _引用内容_ は _解釈_ を [示す／示唆する／意味する]。

B 1. [以上の／これらの] 先行研究から、_解釈_ ということがわかる。
   2. [以上の／これらの] 先行研究が示しているのは、_解釈_ ということである。

A 1. _Cited information_ [indicates / implies / means] that _interpretation_ .

B 1. These previous studies indicate that _interpretation_ .
   2. What these previous studies indicate is that _interpretation_ .

実例

A a. 2006年3月に公表された調査では、2000年調査時より流動人口が296万人増加したと報告されている。このことは中国国民総数の実に1割以上が流動を開始していたことを示している。　　　　　　　(序論ii 4→5)(農業経済学)

B a. 以上の先行研究から、昭和初期以降の若い世代の女性たちが女性語の中核的な表現である「わ」や「かしら」を用いず、男性と同じ表現を用いるようになってきたことが明らかである。　　　　　　　　　　　　　　　(日本語学)

   b. これらの結果からわかるのは、国際化が進展している日本社会において交流を望む人は半数以上に上るものの、実際に外国人と交流を持っている人は1割程度ということである。　　　　　　　　　　　　　　　　　(社会学【web】)

6 先行研究が不十分であることを示す
Pointing out the inadequacies of the current state of knowledge regarding the research topic

対象とする研究の分野で，Aは研究が不十分なこと，Bは研究が行われていないことを指摘し，今回の研究の意義や必要性を明らかにする。

表現

A 1. _研究対象_ については，まだ十分には[検討されて／知られて／わかって]いない。
   2. _研究対象_ についての研究は，まだ萌芽期の段階にとどまっている。

B 1. _研究対象_ についての研究は（ほとんど）[なされていない／行われていない／見られない]。
   2. _研究対象_ については，これまで[研究／考察]されてこなかった。
   3. _研究対象_ については，管見の限り明らかにされていない[*1]。

A 1. _Research object_ has not been fully [inquired into / known / understood].
   2. Studies on _research object_ have just begun.

B 1. (Very little / No) work has been [undertaken / done / seen] on _research object_.
   2. _Research object_ has not been [studied / considered] yet.
   3. To my knowledge, no study has persuasively argued on _research object_.

実例

A a. 冠動脈疾患の患者では有酸素運動が心身ともに有用であることが知られている。しかしながら，健常人における長期間の有酸素運動プログラムによる気分改善効果は，十分には検討されていない。　　　　　（序論ii 1 → 6）（医学）

   b. ［対外国人意識について］地域社会を分析した研究には，共通した問題点がある。それは，……他地域との問題の共通性や国全体の課題にまで検証が十分に及んでいないことである。　　　　　　　　　　　　　　　（社会学【web】）

II レポート・論文の表現

B a. 中国の労働力移動については，多くの研究があるが，多くは労働力移動の要因の面から論じられている。しかし，送り元の農村社会に与えるインパクトについては研究がほとんど見られない。とくに，東北地域における実態調査は，管見の限り発表されていない。　　　　　　　　(序論ⅱ 2→6)（農業経済学）

b. これまで動揺病について，生理的な指標を用いての推定はいろいろ試みられてきたが，有効な研究成果はまだほとんど得られていない。（健康スポーツ科学）

注

*1 「管見」とは自分の知識が乏しいことを謙遜して述べる言い方で，「管見の限り明らかにされていない」は「自分の知る範囲では明らかにされていない」という意味である。同種の表現として「寡聞にして知らない」がある。ただし，これらは，分野によってはほとんど使われない。

例：　研究対象　についての研究は，寡聞にして知らない。

[コラム6] 文中での引用文献の示し方
In-text citations

文中での引用文献の示し方には，著者の姓と発行年で示す方法，注や文献の番号で示す方法の二つがある。どちらの場合も文献の詳しい情報は，レポートや論文の最後の注または文献リストで示す。(⇒ コラム8「注と文献リスト」，コラム9「文献リストの記載方法」参照)

The two ways of indicating literature cited in the text are as follows: to state the author's last name and the year of publication, and to state a reference note number. It is necessary to give a detailed information in the reference list at the end of the paper of all the literature mentioned. (Concerning the reference list, see Column 8 and 9.)

1　著者の姓と発行年で示す方法

例1：山口 (2002) はジェンダー論の視点から男女の対話場面228例を検討した。

例2：石原 (2005) は PISA が求めているのは「他人を遠慮なく批評し」「常に他人とは違った意見をいうことのできる個性」(p. 43) であると指摘する。

例2のように，原文をそのまま使ったり原文の内容に沿って引用する場合は，原文のページも示す。例2の場合，「石原 (2005: 43)」のように示すこともある。なお，2ページ以上にわたる引用の場合は，(pp. 43–44) のようにページの範囲を示す。

2　注や文献の番号で示す方法

例1：山口はジェンダー論の視点から男女の対話場面228例を検討した[1]。

例2：石原は，PISA が求めているのは「他人を遠慮なく批評し」「常に他人とは違った意見をいうことのできる個性」であると指摘する[2]。

注や文献の番号で示す場合は，ページは注または文献リストの中に示す。

引用文献の示し方は，専門分野によって違いがある。詳しいことは，学会誌の論文執筆要項や自分の専門分野で採用されている方式に従うこと。

[コラム 7] 引用文の作成
Citations within reports/papers

引用には，①原文や語句をそのまま引用する「直接引用」と，②原文の内容を要約したり言い換えたりして用いる「間接引用」とがある。また，③参照した文献の存在のみを示す場合もある。(⇒序論 ii「先行研究の提示」参照)

There are three ways to cite other studies. You can include direct and indirect quotations, and you might reference some studies without citing any specific part of it.

1 引用文の作り方

次の文を例に，引用方法の違いを比べてみよう。
原文の例：

> 発音指導にあたっては日本語の音声的要素の何を取り上げ，それらをどの順序で教えるべきかが重要である（林 2001）。

① 直接引用

引用部分を「　」に入れて示す。「　」内に変更を加えてはならない。引用文が3行以上になる場合はブロック引用にするとよい。(2①例2を参照)

例1： 林（2001）は日本語の発音指導において「音声的要素の何を取り上げ，それらをどの順序で教えるべきかが重要」(p. 66)だと述べている。

例2： 日本語の発音指導においては，「何を」「どの順序で」教えるかを検討しなければならない（林 2001: 66）。

② 間接引用

原文の内容を要約して示す。

例1： 林（2001）は音声指導での要素の選択と指導の順序の重要性を指摘する。
例2： 音声指導においては要素の選択と指導の順序が重要である（林 2001）。

③ 文献提示

原文の内容は紹介せず，文献の存在だけを示す。

例：日本語の音声の指導に関する研究として，林（2001），山田（2002），小川（2004）などがある。

2 引用文の実例
① 直接引用
例1：内閣府発行の『日本21世紀ビジョン』では，「世界中の人が訪れたい，働きたい，住みたいと思う『壁のない国』となる」（内閣府 2005: 17）ことが目指されており，単純労働者を公的には受け入れない現在の方針を「現実に即したものとなっていない」（内閣府 2005: 239）と述べている。

(社会学【web】)

例2：土佐は，以下のように述べる。
赤鬚の男もブドリも，己れの夢と祈願に生き，現実には敗残や滅亡の道をたどるとはいえ，自我内面の燃焼を徹底した行動に転じていく人間だったのであり，そこにこそ作品の主題も求められるのではなかろうか[28]。

(日本文学【web】)

② 間接引用
例1：2006年3月に公表された調査では，2000年調査時より流動人口が296万人増加したと報告されている。 (農業経済学)

例2：健康診断の受診義務に関し，過去においては，使用者に著しい安全配慮義務を負わせているために労働者にもこれに見合った協力義務を負わせるべきとする見解がいくつかみられた[25]。 (法学【web】)

③ 文献提示
例1：幼児期におけるバイリンガル教育に関しては，実験的研究（Takai, 1989; 平山，2003）及び理論的研究（林，2001; 小川，2006）がある。

(作例，教育学)

例2：事前面接法 (Osborne & Freyberg, 1985; Southerland, Smith & Cummins, 2000) の手続きに基づき半構造化面接を実施した。 (教育心理学)

他者による定義，研究方法，計算式などを使う場合も，出典を明記すること。また，参考文献のデータをもとに図表を作成した場合も，データの出典を示すこと。(⇒ 本論 ii 1「図表を提示する」参照)

[コラム8] 注と文献リスト
Notes and bibliography

論文には，注か文献リスト，あるいはその両方を必ず付ける。レポートにも，文献リストを付けることが多い。注は本文を補う補足的情報や文献情報を記すもので，主に人文・社会科学の分野で用いられる。本文の後にまとめて記す場合と，各ページの下部に記す場合（脚注）がある。文献リストは，本文の後に「文献」「引用文献」「参考文献」などの見出しを立てて記載する。

  Notes and/or bibliography are an indispensable part of reports/papers. Notes are mainly utilized in the humanities and social sciences in order to add complementary or bibliographical information to the body of the paper. Some put all the notes after the body of the paper and others put relevant notes at the foot of each page (footnotes). The bibliography, where you mention all the titles and bibliographical information of the books, papers and other sources of information you have used in your report/paper, comes after the body of the report/paper and is titled as "bibliography", "cited references", or "references."

1 注と文献リストの付け方

① 文献リストのみ
  ⇒ 環境資源学論文【web】参照。

② 注のみ
注の中で補足的情報と文献情報の両方を示す。
  ⇒ 日本文学論文【web】，法学論文【web】（＝脚注）参照。

③ 注および文献リスト
補足的情報と文献情報を分けて示す。
  ⇒ 社会学論文【web】，経営学論文【web】，建築学論文【web】参照。

  レポートでは，①の形式で参考文献の情報を記す場合が多い。実験や調査に基づく検証型の論文では①の形式が一般的であるが，③の形式もある。一方，論証型の論文では②の形式が多いが，①や③も見られる。論文を書く場合は，専門分野の学会誌の掲載論文を見て，どの形式で書けばよいか確かめよう。

[コラム9] 文献リストの記載方法
References/Bibliography

文献の著者名，出版年などの項目の並べ方や記号の使い方については分野によって異なるので，自分の分野の論文例や学会の投稿規定などを参考にすること。

The style for documenting literature cited and referenced varies from discipline to discipline. You should study the style guidelines of articles in your field.

1 文献リストの文献の順序

文献の順序は，文中での示し方により異なる。（⇒コラム6「文中での引用文献の示し方」参照）

① 注や文献の番号で示した場合
注や文献の番号順に並べる。

② 著者の姓と発行年で示した場合
著者名の五十音順，英文の場合はアルファベット順に並べる。日本語と英語の両方の文献がある場合は，日本語と英語に分けるか，または，日本語と英文の文献をまとめてアルファベット順に並べる。

2 文献リストの実例

① 雑誌掲載の論文

[著者名] [発行年] [論文名] [雑誌名] [巻／号] [ページ]

例1: 因京子，他 (2007)「日本語専門文書作成支援の方向」『専門日本語教育研究』9, 55-60

例2: 坂野雄二，東條光彦: 一般性セルフエフィカシー尺度作成の試み，行動療法研究 12: 73-82, 1986

例2のように，分野によっては，論文名や書名に括弧（「　」，『　』）を付けない。出版年を後ろに書く分野もある。

② 書籍

[著者名][出版年][書名][出版社]

例：小森陽一 (2000)『日本語の近代』岩波書店

③ 書籍掲載の論文，章 など

[著者名][出版年][論文／章][編者名][書名][出版社][ページ]

例：山本富美子 (2006)「タスク・シラバスによる論理的思考力と表現力の養成」門倉正美他編『アカデミックジャパニーズの挑戦』ひつじ書房, 99–113

④ 翻訳書

[原著者名][原書の出版年][原書の書名][原書の出版地・出版社][翻訳者][翻訳書の書名][翻訳書の出版年][翻訳書の出版社]

例：Bruner, J.S. (1996) *The Culture of Education*. New York: Harvard University Press. 岡本夏木他訳『教育という文化』(2004) 岩波書店

⑤ インターネットで発表されている論文

[著者][出版年][論文名][電子雑誌名][巻／号][ページ][URL][アクセス日]

例：藤田節子 (2001)「電子文献の参照をめぐる問題点」『情報の科学と技術』51–4, pp. 239–244, <http://www.infosta.or.jp/journal/journal.html> (参照 2007-11-30)

⑥ インターネットで公開されている資料

[資料名][発表年][資料の作成者，機関][URL][アクセス日]

例：「平成19年度年次経済財政報告」, 2007年8月, 内閣府, <http://www5.cao.go.jp/j-j/wp/wp-je07/07p00000.html> (参照 2008-1-20)

インターネットからの引用については, 科学技術振興機構 (SIST) の『科学技術情報流通技術基準』の中の「電子文献参照の書き方」に詳しい。

<http://www.jst.go.jp/SIST/handbook/sist02sup/sist02sup.htm>

コラム9 文献リストの記載方法

序論 iii 研究目的と研究行動の概略
Stating the purpose and the outline of your study

序論では，レポートや論文の目的を示し，どのような研究課題にどのような手順で取り組むかを述べる。多くの場合，その後に続く各部分の構成や内容を予告する。また，リサーチ・クエスチョン（課題として述べられた大きな問いに答えを出すために設定する具体的な問い）を示す。さらに，研究対象とする範囲を限定することもある。

In introduction you state the purpose of your report/paper and outline your research efforts. You may announce the main topics and their organization. You might additionally present your research questions (the specific questions you intend to answer in the current work as part of your approach to the research topic). Further, you might choose to specify the range of your investigation.

1 研究の目的を規定する　Defining the purpose

Aは研究の目的を述べる際に一般的に広く用いられる。Bは実習や実験の報告でよく使われる。

表現

A 1. 本稿の目的は，＿研究対象＿の問題を整理し，〜を提案することである。
　 2. 本研究では，＿研究対象＿を分析し，＿研究課題＿について [考察する／検討する]*1。

B 1. 本 [実験／実習] は，＿現象／範囲／分野＿における一連の [手順／操作] の基礎を [習得する／学ぶ／理解する] ことを目的とする。
　 2. 本実験では，＿方法や装置＿を [作成し／用い]，＿研究対象＿の観察を行う。

A 1. The aim of this paper is to sort out the issues related to _research object_ and make a proposal of ～.
　 2. We will conduct this research to analyze _research object_ and [discuss / inquire into] _research topic_.

B 1. The aim of this [experiment / practice] is to [acquire / learn / understand] the basics of a series of [procedures / operations] for _phenomenon / scope / field_ .
2. We will [produce/utilize] _method and/or apparatus_ to observe _research object_ .

実例

A a. 本稿の目的は，学位取得を目指して日本の理系の大学院に在籍する留学生(以下，学習者)が論文・口頭発表のレジュメ・論文要旨・実験レポートなどの専門分野に関する文書を作成する際に起こす問題を整理し，彼らの文書作成を支援するリソース開発の方向を提案することである。　　　　　　　　（日本語教育学）

b. 本稿では，混獲・投棄に至る理由と現状，消費者が混獲投棄問題の解決に向けて努力できることを考察し，混獲物を受け入れる市場の開拓が必要だという結論を導く。　　　　　　　　　　　　　　　　　　　　　（レポート，水産学）

B a. 本実験では蛍光顕微鏡を用いて細胞を観察し，細胞内構成成分の運動と立体構造について考察を行う。　　　　　　　　　　　　　　　　　　（レポート，生物学）

b. 本実験は，ケイ皮酸エチルをケイ皮酸とエタノールから合成し，有機合成における一連の操作の基礎について学習することを目的とする。　　（レポート，化学）

注

*1 その他の表現として以下のものがよく使われる。
［分析を試みる try to analyze／観察を行う observe／考察を加える consider／検討を行う inquire into］

序論Ⅲ　研究目的と研究行動の概略

77

2 リサーチ・クエスチョンを述べる
Stating research questions

課題として述べられた大きな問いに答えを出すために、具体的な問いを設定する。各項目に番号を付けて示すこともある。Bのように、研究課題と共に述べられる場合もある。

表現

A 1. 本研究では、__リサーチ・クエスチョン1__ ，__リサーチ・クエスチョン2__ について [検討する／考える]。
  2. 本研究では、1)__項目__ [と／及び／並びに] 2)__項目__ を調査する。

B 1. __研究課題__ について明らかにするため、本研究では、__項目__ を検討した。
  2. 本研究では、__リサーチ・クエスチョン1__ と __リサーチ・クエスチョン2__ について検討し、__研究課題__ を検証する。

A 1. In this research, we look into _research question 1_ and _research question 2_.
  2. In this research, we investigate on 1) _item_ and 2) _item_.

B 1. In order to shed some light on _research topic_, we look into _item_.
  2. We discuss _research question 1_ and _research question 2_ to examine _research topic_.

実例

A a. 本研究ではマグネシウム合金AZ31の微細材ならびに再加熱材を用いて引張試験と平面曲げ疲労試験を行い、微細粒材への再加熱が引張強度並びに平面曲げ疲労強度に及ぼす影響を検討した。 (金属工学)

  b. 情報化がますます進展する中で、このような状況を放置することは、深刻なプライバシー侵害を引き起こす可能性がある。労働者のプライバシー保護の観点から、情報化にふさわしい労働関係のあり方を検討する必要があるといえる。そこ

で，本稿においては，第一に，労働者の個人情報収集・管理の問題を検討し，第二に，個人情報の中でもセンシティブデータとしてとりわけ慎重な取り扱いが要求される健康情報の問題を考察し，第三に，使用者による電子機器を通じた労働者の監視の問題を検討したいと考える。

(序論 i 2 → 5 →序論 iii 2)（法学【web】）

B a. スキーマの形成・活用の有無を検証するために，①他者の文章への評価と，……，②自己の学習や目標への認識を調査した。　　　　（日本語教育学）

b. この営利病院が日本の社会に参入した場合，どのような問題や課題があり，また，参入をどう考えるかについて検討し，医療分野での市場原理推進について供給体制から考えてみたい。　　　　（レポート，経済学）

3 論文の構成を予告する
Outlining the organization of your paper

後に続く部分がどのように展開するかを予告する。Aは議論の展開を大まかに述べる。Bは各節の内容を予告する。（⇒コラム2「レポート・論文でよく使う動詞」参照）

表現

A 1. 本論文は，_研究行動_ する。[続いて／次に]，_研究行動_ する。最後に，_研究行動_ する。[*1]

B 1. 以下，第2節では_研究行動_をし，第〜節では_研究行動_をし，最後に第〜節で，[議論をしめくくる／結論を述べる／結語を述べる]。

2. 以下では，まず第〜節で_研究行動_をし，第〜節では_研究行動_をし，最後に第〜節では，[結論／今後の課題]を述べる。

A 1. We do _research action_ , and then _research action_ . Finally, we do _research action_ .

B 1. In the following part, we do _research action_ in the second section, and do _research action_ in the 〜th section, and finally in the last 〜th section we [conclude our discussion / present our conclusion / state the conclusion].

2. In the sections which follow, we first do _research action_ in the 〜th section, then do _research action_ in the 〜th section, and [conclude our discussion / state the remaining problems] in the last 〜th section.

実例

A a. 本論文では，……企業活動においてどれほどUDに配慮しているかを多角的に測定する評価尺度を提案する。つづいて，その尺度を用いて我が国を代表する産業の一つである自動車産業のUD度を測定し，その測定結果と企業価値との関係を分析することによって，この推定の妥当性を検証する。　　　（経営学）

b. はじめにジンメルの「女性文化」「男女両性の問題における相対的なものと絶対的なもの」をもとにジンメルの女性論を整理し，つぎに当時の女性論の立場として，マリアンネ・ウェーバーの女性論を取り上げ，ジンメルとの比較を試みたい。そして最後に，ジンメルの女性論について，彼の「生の哲学」を踏まえたうえで，その今日的な意味を考えることにする。 （社会学）

B a. 以下，第2節では話者のジェンダーと一致したジェンダー標示形式の使用例を，第3節では一致しない使用例を観察し，意図的に文体形式の逸脱的使用を行うストラテジーについて論ずる。第4節では議論をまとめ，結論を述べる。

（日本語学）

b. 本稿は，5節から構成されている。第2節では，1990–2001年の期間におけるグループ企業と独立企業の資金調達の動向について約5,000社の地場企業のデータを用いてその平均的パターンを観察し，第3節ではグループ企業の役割について先行研究を展望する。第4節はグループ企業のパフォーマンスについて実証分析を実施する。第5節は結語とする。 （経営学）

注

*1 検証型の論文では「検討した」のように過去形，論証型の論文では「検討する」のように非過去形の動詞が使われる傾向がある。

4 論文で扱う範囲を限定する
Defining the scope of the research

Aは対象とする項目を述べて範囲を限定する。Bは関連はあるが今回は対象としない項目を挙げる。範囲を限定する理由が述べられることもある。

表現

A 1. 本稿は，__項目__に［限定して／しぼって］議論を進める。

B 1. __項目__は，［対象としない／議論から除外する／目的としない］。
　 2. __項目__は，［稿を改めて論ずることにする／今後の課題とする］。

A 1. In this paper, we proceed with our discussion focusing on _item_.

B 1. We [do not discuss / exclude / do not consider] _item_.
　2. We would like to deal with _item_ [in our next work / in the future].

実例

A a. しかし，これを限られた紙幅で全面的に論じることはできない。ここでは，いかにしてこういう問題意識ないし方法が生まれ発展してきたのか，その変遷と，いま歴史学において示されている可能性に絞って述べよう。　　　　　　　　（歴史学）

　 b. 本研究では，工作や組み立てなどの学習領域を対象とする。この理由は，本学習領域は，学習教材として動画を用いる際に重要とされる，「時間的変化」，「空間的変化」という特徴を有するためである。　　　　　　　　　　　（情報工学）

B a. ある地域に特有の言語変化については，稿を改めて論ずることとする。
　　　　　　　　　　　　　　　　　　　　　　　　　　　（作例，日本語学）

[コラム10] 形容詞の例外的な使い方
Special usages of some adjectives

形容詞のなかには，次のような例外的な形で使用されるものがある。

Some adjectives have special usuages such as below.

1 「大きな」「小さな」

「大きな／小さな」は，形容詞「大きい／小さい」からできた言葉で，アカデミックな文章では，名詞を修飾する場合によく使われる。

例1: 地球温暖化は世界中で大きな問題となっている。
例2: 財政規模を縮小し，小さな政府を目指すべきだという意見がある。

2 「多くの」「遠くの」「近くの」

「多くの」「遠くの」「近くの」などは，形容詞からできた名詞に助詞の「の」をつけたもので，名詞を修飾するときに使われる。

例1: 地球温暖化は多くの国に影響がある。
例2: 近くの国だけではなく遠くの国とも交流があった。

形容詞「多い」「少ない」は単独では名詞を修飾することはできないが，名詞修飾節の中では使える。

例: ☹ 地球温暖化は多い国に影響がある。
　　☺ 世界で最も人口が多い国は中国である。

3 「多く」「遠く」「近く」

「多く」「遠く」「近く」などが名詞として使われる場合もある。

例1: 留学生の多くがアルバイトをしている。
例2: 大学は駅の近くにある。

[コラム11] **助詞の働きをする言葉**
Compound particles

　レポートや論文では、「によって」「に基づいて」のような複合助詞(または助詞相当語)が多く使われる。複合助詞には、て形(例:「によって」「に基づいて」)と連用中止形(例:「により」「に基づき」)の二つの形をもつものがある。*1

例: 急激な円高によって／により経済が悪化した。

Compound particles (or particle-equivalents) such as "*ni yotte*" and "*ni motozuite*" are frequently used in a report/paper. Some compound particles have two variants: one with the て-form of a verb (e.g. "*ni yotte*" and "*ni motozuite*" and the other with the ます-form (e.g., "*ni yori*" and "*ni motozuki*").

e.g. The sudden rise in the value of the yen caused a downhill economy.

1 行為の対象　The object of an action　(Nは名詞を表す)

種別	複合助詞	英訳	用例
A 関係する対象を示す	〜について	about, on	企業の国際分業戦略について考察する。
	〜についてのN		薬害問題についての議論が行われた。
	〜に関して*2	concerning	住宅への満足度に関して調査する。
	〜に関するN	on, about	少年犯罪に関する調査結果を発表する
	〜をめぐって	over, about	農産物の輸入をめぐって交渉が続いた。
	〜をめぐるN*3		住宅規模をめぐる意識の違いを調べる。
B 行為の向けられる対象を示す	〜に対して	to, against	提案に対して多くの反響があった。
	〜に対するN		政策に対する批判／途上国に対する援助

*1 本コラムの表では複合助詞をすべて「て形」で表す。

*2 「ついて」より「関して」のほうがやや書き言葉的で明確な印象を与えるので、論文のタイトルの場合は「〜についての研究」より「〜に関する研究」の方がよい。

*3 「Xをめぐる」はXだけではなく、Xに関係がある周辺的なことも含まれる。

2 原因・行為者　A cause or an agent

種別	複合助詞	英訳	用例
A 原因を表す	～によって	by	温暖化によって気候が変化する。
	～によるN		地震による被害／貿易による経済発展
B 行為者を示す	～によって	by	林 (2001) によって調査が行われた。
	～によるN		多国籍企業による企業活動

3 手段・情報源・基準　Means/source of information/standard

種別	複合助詞	英訳	用例
A 手段や媒体を示す	～を通じて	through	複数の事例を通じて問題を明らかにする。
B 情報源を示す	～によれば	according to	林 (2001) によれば、……という。
			表1によれば、実験群と対照群の差はわずかである。
C 基準やもとになる理論などを示す	～に基づいて[*4]	based on	法律に基づいて方針を決める。
	～に基づくN		理論式に基づく考察を行う。
	～をもとに	based on	データをもとに（もとにして）作図する。
	～に従って	in accordance with	決められた手順に従って実験を行う。
	～に則して[*5]	in line with	法律に則して処分する。
	～に則したN		法律に則した判断が求められる。
	～に即して		地域の実情に即して考える。
	～に即したN		立地条件に即した整備計画が必要である。
	～に沿って[*6]	in line with	実験は先行研究での実験の手順に沿って行われた。
	～に沿ったN		～に沿った解決策。

*4 「～に基づいて」と「～をもとに（もとにして）」はほぼ意味が同じ。

*5 「則して」は法律やルールなどを基準にする場合に使う。事実や経験などに合わせて行動する場合は「即して」と書く。

*6 「沿って」はある基準やマニュアルなどに従って行動する場合に使う。

4 ことがらや行為の状況　Situations where an event/action happens

種別	複合助詞	英訳	用例
A 空間的・時間的な状況を示す	〜において 〜におけるN	at, in	都市部において水の需要が増加している。 90年代における経済成長
	〜と同時に	at the same time as 〜	量的調査と同時に質的調査も行う。
B 空間的・時間的な範囲を示す	〜にわたるN	for, over	10年にわたる調査の結果を報告する。
	〜から〜にかけて	from 〜 to 〜	九州から本州にかけて分布している。
	〜を通じて[7]／〜を通して	throughout	1年を通じて米が収穫できる。
	〜を通じたN／〜を通したN	throughout	年間を通した生産が可能になる。
C 状況によって違いがあることを示す	〜によって 〜による	depending on	年齢によって薬の効果に違いがある。 作業時間の長さによる疲労度の差
D 変化に伴う動きを示す	〜にしたがって	as	温度の上昇にしたがって変化する。
	〜に伴って 〜に伴うN	following accompanying	人口の増加に伴って住宅問題が生じる。 インフレに伴う物価の上昇
	〜とともに	with	産業の発展とともに公害が深刻化する。
E 変化する状況に合わせることを示す	〜に応じて 〜に応じたN	according to	実験条件に応じて操作した。 地方の実情に応じた対策が必要である。
F 状況や対象に関係なく一定であることを示す	〜にかかわらず 〜に関係なく 〜を問わず	regardless of	年齢にかかわらず／に関係なく発症する。 年齢を問わず，新制度への満足度は高い。
	〜に限らず 〜にとどまらず	not only 〜	実験群に限らず，すべての対象者に共通する傾向である。 一国にとどまらず，世界全体に影響が及ぶ。
G 存在しないことを示す	〜なしに	without	政治改革なしには国の発展が難しい。

[7] 「〜を通じて」と「〜を通して」は，ほぼ同じように使われる。

本論 i 方法 Method

　方法の部分では，研究の対象と，その対象をどのように取り扱うかを示す（道具や設備の説明を含む）。そして，それらが妥当であることが読者にわかるように提示する。妥当性の説明のために理論的背景を述べることもある。ただし，妥当性がその分野の人々に常識的に理解される場合には，その説明は省く。

　The chapter on "method" should state the objects of your research/analysis and the way you will handle them, including, if necessary, reference to the equipments and facilities to be utilized. You should attempt to persuade the reader that your choice of the method is appropriate. For that purpose, you may want to state the theoretical background of your study. If the validity of the method is generally accepted, you may just simply mention the method.

1　調査・分析対象を述べる
Stating the subjects of the research and analysis

　調査や分析の対象となる人物や事物の属性や数を述べる。それだけを示す場合 (A) と，それを選ぶ理由を示す場合 (B) とがある。

表現

A　1.　調査対象は，～である。
　　2.　使用したデータは，_情報源_ の _資料名_ である。

B　1.　本論文は，_理由／目的_ のため，[分析対象として／一つの事例として／資料として] _資料名_ を [用いる／とりあげる／検討する／分析する]。

A　1.　The object of our research is ～。
　　2.　The data used is _material_ from _source_ .

B　1.　For _reason / purpose_ , we [use / choose / consider / analyze] _material_ as [the object of analysis / an example / data].

実例

A　a.　調査対象は，DSM－IVの診断基準を満たす広場恐怖を伴うパニック障害患

者90名(男性15名,女性75名)である。その内訳は,心療内科Aを受診した者59名,心療内科・神経科Bを受診した者12名,X大学心理相談室が主催した「パニック障害克服のためのセミナー」に参加した者19名である。 (医学)

b. 使用したデータは,『人口動態統計』の,1899年から2002年までの男女・年齢層・都道府県別自殺死亡率である。 (社会学)

c. 試料:Ti化合物としては,TiO_2(ルチル),$CaTiO_3$(ペロブスカイト)の2種類を用いて,Fe化合物として常磁性体のα-Fe_2O_3を使用した。(環境資源学【web】)

B a. 住戸規模は持家・借家という所有関係で異なり,建て方(一戸建,長屋建,共同住宅の別)も規模拡張の可能性に影響する。そこで,条件を揃えるため,同居世帯のない専用住宅に限った上で,持家の一戸建・長屋建,持家の共同住宅,民営借家の一戸建・長屋建,民営借家の共同住宅,公的借家,給与住宅の6タイプを抽出した。 (建築学【web】)

b. 戦後のベストセラーに関しては,二つの資料がある。……資料としていずれがすぐれているか甲乙つけがたいので,両方を資料として用いることとした。分析対象とした期間は1946(昭和21)年から2000(平成12)年までである。

(社会学)

2 対象を分類する　Classifying the object

Aでは，研究の対象をいくつかの要素に分類する。Bでは，ある要素がどのような範疇に含まれるのかを示す。Cは実験対象を群に分ける際の表現である。分類にともない用語の定義が行われることもある。(⇒序論 i 6「用語を定義する」参照)

表現

A　1.　_対象_ は，_分類の基準_ [によって／の点から]，_要素1_ と _要素2_ （と）に [分類される／分類できる／分けられる／区分される]。

　　2.　_対象_ は，_要素1_ および _要素2_ [から／より] [なる／構成される]。

　　3.　_対象_ には，_要素1_ と _要素2_ がある。

B　1.　_対象_ は，_範疇_ に [含まれる／属する／属す]。

　　2.　_対象_ は，_範疇_ の一種である。

C　1.　_グループ1_ を～群，_グループ2_ を～群とする。

A　1.　_Object_ is [classified as / is classifiable as / can be divided into / is categorized into] _factor 1_ and _factor 2_ [according to / in terms of] _standard_ .

　　2.　_Object_ [consists of / is composed of] _factor 1_ and _factor 2_ .

　　3.　_Object_ includes _factor 1_ and _factor 2_ .

B　1.　_Object_ [is included in / belongs to / is a member of] _category_ .

　　2.　_Object_ is a kind of _category_ .

C　1.　_Group 1_ forms group ～, and _group 2_ group ～.

実例

A　a.　銀行は，営業基盤の違いから，都銀，地銀，信託銀行などに分けられる。

　　　　　　　　　　　　　　　　　　　　　　　　（レポート，経済学）

b. 形態分化にかかわる変異株は一般的に2タイプが知られている。気菌糸形成能を欠落した *bld* 変異株は頭のはげた (bald) を意味し、一方、気菌糸を形成するが胞子に色素着色のない *whi* 変異株は白い菌糸 (white) を意味する。

(農芸化学)

B a. 使用者の電子機器を通した監視には、ビデオカメラによる労働者の就労中の監視なども含まれるが、その中でも現実に事件となった問題として指摘できるのは、使用者による労働者の電子メールモニタリング問題である。　　(法学)

C a. 60回転の回転刺激後に体調の悪化を訴えたものは、若年群では16名中9名、APG中年群では9名中6名であった。以降、体調変化がみられた者を「悪化群」、体調変化がみられなかった者を「非悪化群」とする。(健康スポーツ科学)

3 実験・調査の方法，データ処理の方法を述べる
Stating the method of data collection and handling

標準的な方法を用いた場合，その方法名に言及し，具体的な実施条件や道具について述べる（A）。標準的な方法がない場合には，データ収集の方法，処置や加工の操作，分析方法など，手順を具体的に述べる（B）。手順が複雑なら，図と言葉の両方を使って説明する。

表現

A 1. 本研究では，__先行研究__ の [枠組み／アプローチ／手法] [を採用する／を用いる／に準ずる]。
   2. [実験／試験]*1 は，__道具__ を用い，__条件__ で行った。

B 1. 〜として，まず〜を行い，〜した上で，〜を [分析する／調べる／見ていく]。

A 1. We choose to [adopt / use / follow] the [framework / approach / procedure] proposed by _previous work_ .
   2. We do the [experiment / test], using _tool_ under _condition_ .

B 1. As 〜, we first do 〜, then 〜 in order to [analyze / examine / observe] 〜.

実例

A a. 加速度脈波の分析は，佐野ら (1999) の方法に準じ，b/a, c/a, d/a 及び，総合的指標である加速度脈波係数：APG index＝(c+d−b)/a×100 について行った。

(健康スポーツ科学)

b. 特に断りがない限りすべての性状試験は「Manual of Methods for General Bacteriology」の方法に準拠して行い，その培地には ZoBell2216E を用い，培養温度 27℃ で行った。

(微生物学)

B a. 分析方法としては，戦後の隔年のベストセラー一覧の中から，健康に関するものをとり出し，内容にしたがってカテゴリー化する。そして5年毎の全体の，およびカテゴリー別の冊数と比率を計算し，それらの変化を見ていく。　　（社会学）

b. 面接調査によって，課題の矛盾関係を解消できたかどうかを調べた上で，選択した概念と矛盾解消の有無の二つの次元から被験者を4群に分類する。……彼らが行った説明内容に関しては，要約を行った上で，KJ法（川喜多1986）に基いて分類する。　　（教育心理学）

c. まず，被説明変数として，本社の在アジア現地法人への輸出変化率，国内拠点の売上変化率および修正売上変化率を計算した……。一方，説明変数としては現地生産規模の代理変数として従業員数を用いて変化率を計算した。さらに拠点間関係の特徴を示す3種類のダミー変数や比率を設定して現地生産変化率との交差項を作成した。推定方法は不均一分散制御のロバスト最小二乗法である。

（経営学【web】）

d. 実証試験設備フローをFig.1に示す。原料の溶融飛灰及びコークス，ヘマタイト等の副原料を混練機に入れ，水を加えて所定時間混練した後，押出し成形して直径10 mm×長さ5～15 mmの円柱状ペレットとした。　　（環境資源学）

注

*1　実験方法の書き方については，山崎信寿他（2002）に詳しい。

4 理論的枠組みを述べる　Stating the theoretical background

自分の調査・分析方法に理論的な裏付けがあることを示すために，その理論やそれを典型的に用いている学派に言及したり (A)，同じ枠組みを利用した代表的な先行研究のいくつかを挙げたりする (B)。

表現

A　1. 本稿 [は／では]，__理論__ の枠組みに [従って／則って] 論考を行う。
　　2. 分析には，__理論__ の [方法／手法／アプローチ] を採用する。

B　1. 本稿は，__先行研究__ の __認識／前提__ [に従う／を支持する／を共有する]。
　　2. 〜の [妥当性／重要性] は，__先行研究__ によって指摘されている。

A　1. We conduct this research [following / based on] the framework of _theory_.
　　2. We do our analysis following the [method / procedure / approach] of _theory_.

B　1. We [follow / base our discussion on / share] _recognition / assumption_ presented by _previous work_.
　　2. The [reliability / importance] of 〜 used in our study has been proved by _previous work_.

実例

A　a. 本稿はアナール学派社会史のアプローチを採用して経年的検討を行い，現状に至った歴史的経緯を把握する。理論枠組みは Merton のアノミー解釈（欲求と充足手段の乖離）を参照し，自殺志望の変動をアノミー状況の変化の指標と位置づけた。
　　　　　　　　　　　　　　　　　　　　　　　　　　　　　　　　　　（社会学）

　　b. 上記の発話分析のため本研究では，自分の意見とは異なった他者の対立意見に対する，様々な種類の推論・交渉方法を示す発話カテゴリーを基にしたトランザクション対話 (transactive discussion) 分析を採用した (Berkowits & Gibbs, 1983; Berkowits & Simmons, 2003)。
　　　　　　　　　　　　　　　　　　　　　　　　　　　　　　　　　（教育心理学）

B a. このように,見田 (1965) も辻村 (1981) も,ベストセラーとなる書籍の内容に,人々の意識,関心,欲望が表れているという前提から出発している。本論もこの前提を共有している。　　　　　　　　　　　　　　　　　　　　（社会学）

b. これらの研究によって,学習方法に対する自覚の程度が学習到達度を予測する要因の一つであることが指摘されている。そこで,本研究では,自覚に関する質問紙調査を行った。　　　　　　　　　　　　　　　　　（作例,教育心理学）

本論i

方法

本論 ii 結果の説明 Stating results

ここでは、主として検証型の論文において、実験や調査の結果得られたデータを提示し、説明する際に用いる表現を挙げる。先行研究のデータをとりあげて論じる際にもこれらの表現を用いることが可能である。検証型論文では、独立した章を設けて研究結果について述べる場合と、研究結果とそれについての考察を同時に述べる場合がある。

Here expressions used for presenting and explaining data obtained from experiments and/or research in an experiment/research-based paper are provided. The expressions in this chapter can also be used also for discussing data presented by a previous study. The results may be presented along with related oberservations or separately in independent chapter.

1 図表を提示する Presenting figures and tables

何についての図／表かを明示する。Aの表現は筆者が図／表に何を示すかを述べる場合に用いる。Bは図／表が何を示しているか、あるいは何であるかを述べる場合に用いる。

表現

A 1. ［図／表］に _図/表の主題_ を示す。

B 1. ［図／表］は _図/表の主題_ を示している。
　 2. ［図／表］は _図/表の主題_ を示したものである。
　 3. ［図／表］は _図/表の主題_ である。

A 1. I will show _topic of figure / table_ in [figure / table].

B 1. The [figure / table] shows _topic of figure / table_ .
　 2. The [figure / table] serves to illustrate _topic of figure / table_ .
　 3. The [figure / table] depicts _topic of figure / table_ .

> **実例**

A　a. Table 1[*1]に特定した6つの音階を示す。　　　　　　　　（作例，物理学）

　　b. 質問1で，プログラム周知の方法をたずねた。その結果を表2に示す。
　　　　　　　　　　　　　　　　　　　　　　　　　　　　　　　　（作例，教育学）

　　c. 満足度を図3に，住宅・世帯の属性を表3に示した。　　　（建築学【web】）

B　a. 表6は，3群の習得困難な破裂音の生起環境を示している。　　　（音声学）

　　b. 表2は，会話文の中で「宿世」という語を使用している人物を男女別に示したものである。
　　　　　　　　　　　　　　　　　　　　　　　　　　　　　　　　　（日本語学）

　　c. Fig. 1[*2]は加速度脈波の模式波形である。　　　　　（健康スポーツ科学）

　　d. 表1は1997年における在東アジア現地法人と国内拠点の拠点間関係に関する実態である。
　　　　　　　　　　　　　　　　　　　　　　　　　　　　　　　（経営学【web】）

　　e. 表5は，弁別特徴別の平均誤聴率を比較したものである。3群の中級・上級ともに調音点，調音法，先行・後続母音の弁別能力は破裂音の有声・無声の弁別能力より高い。このことから，母語にある音韻対立は正の転移を受けて習得が早く，母語にない有声性・無声性の音韻対立は，母語の負の転移を受けて習得が遅れるのではないかと見られる。　（本論ii 1→7→本論iii 2）（音声学）

> **注**

*1　Tableは表を意味する。
*2　Fig.は英語のFigureの略で，図を意味する。

Ⅱ レポート・論文の表現

図・表の実例

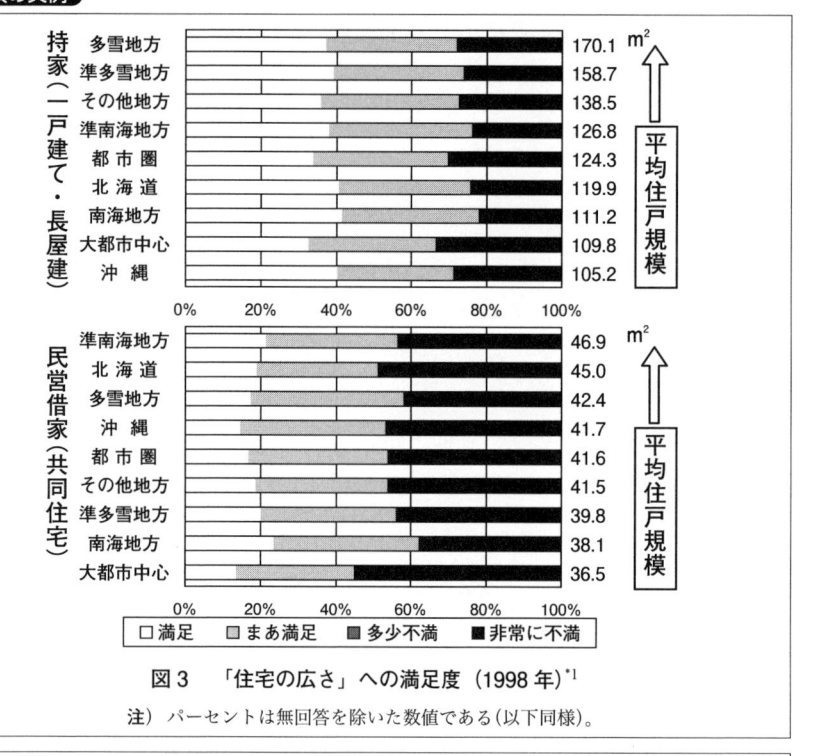

持家（一戸建て・長屋建）
- 多雪地方　170.1 m²
- 準多雪地方　158.7
- その他地方　138.5
- 準南海地方　126.8
- 都市圏　124.3
- 北海道　119.9
- 南海地方　111.2
- 大都市中心　109.8
- 沖縄　105.2

↑ 平均住戸規模

民営借家（共同住宅）
- 準南海地方　46.9 m²
- 北海道　45.0
- 多雪地方　42.4
- 沖縄　41.7
- 都市圏　41.6
- その他地方　41.5
- 準多雪地方　39.8
- 南海地方　38.1
- 大都市中心　36.5

↑ 平均住戸規模

□ 満足　▨ まあ満足　▥ 多少不満　■ 非常に不満

図 3　「住宅の広さ」への満足度（1998 年）[*1]

注）パーセントは無回答を除いた数値である（以下同様）。

表 1　アジア生産拠点の日本拠点との生産活動の関係[*2]　（単位：社，％）

関　係	工程間分業	製品間分業			合　計
技術水準		日本より高い	日本と同等	日本より低い	
一般機械	144 (45.9)	0 (0.0)	63 (20.1)	107 (34.1)	314 (100)
電気機械	328 (39.2)	18 (2.2)	253 (30.3)	237 (28.3)	836 (100)
輸送機械	234 (46.5)	1 (0.2)	79 (15.7)	189 (37.6)	503 (100)
精密機械	47 (45.2)	0 (0.0)	25 (24.0)	32 (30.8)	104 (100)
機械産業計	753 (42.9)	19 (1.1)	420 (23.9)	565 (32.2)	1757 (100)

注）　調査年度は 1996 年，括弧内は構成比率
出所：通産省「第 27 回我が国企業の海外事業活動」1997 年[*3]

注

[*1]　図の題は一般に図の左下か，中央下に付ける。
[*2]　表の題は一般に表の上の中央に付ける。
[*3]　他者によるデータを用いて図表を作成した場合は，必ずそのデータの出所を示す。

2 数値の大きさを示す　Presenting numerical values

データの数値の大きさをある数値 (X) との関係で示す。A は数値が X である場合、B は X より小さい場合、C は X より大きい場合に用いる表現である。

表現

A　1.　〜は X［である／となっている］。

B　1.　〜は X［に達しない／に及ばない／に満たない／未満である］。
　　2.　〜は X 以下である。

C　1.　〜は X を超えている。
　　2.　〜は X 以上である。

A　1.　〜 is X.

B　1.　〜 [fails to reach / fails to fill / is less than] X.
　　2.　〜 is the same as or less than X.

C　1.　〜 surpasses X.
　　2.　〜 is the same as or more than X.

実例

A　a.　もとの pH は……$CaTiO_3$ のスラリーが 8.0 であった。　　　　（環境資源学【web】）

　　b.　……事業転換失敗型の雇用変化率は −27.8% となっている。　（経営学【web】）

B　a.　特に高い周波数では電流が 0.5 A に達しない場合があった。　（作例，物理学）

　　b.　農家一戸あたりの経営規模は 0.5 ha に満たない。　　　　　　（農業経済学）

C　a.　現住宅への満足度が高い南海地方では継続居住の意向が強く、南海地方と沖縄で「住み続けたい」が 7 割を超える。　　　　　　　　　　　　　　（建築学【web】）

3 概数(がいすう)を示(しめ)す Presenting approximations

Aはデータの数値(すうち)がある数値(すうち)(X)に近(ちか)いことを示(しめ)す。Bはデータの数値(すうち)がXよりやや小(ちい)さいこと，CはXよりやや大(おお)きいことを示(しめ)す。

表現

A　1. [約(やく)／およそ／ほぼ*1] X
　　2. X [程度(ていど)／前後(ぜんご)]

B　1. X [弱(じゃく)／近(ちか)く／足(た)らず]*2

C　1. X [強(きょう)／余(よ)／余(あま)り]

A　1. [approximately / roughly / nearly] X
　　2. X or so / around X

B　1. [a little less than / almost / nearly] X

C　1. [a little more than / a good / more than] X

実例

A　a. 持家(もちいえ)で，南海(なんかい)と大都市中心(だいとしちゅうしん)・多雪(たせつ)の間(あいだ)に「満足(まんぞく)」で約(やく)10ポイント*3，「満足(まんぞく)」と「やや満足(まんぞく)」の合計(ごうけい)では15ポイント近(ちか)くの差(さ)がある。　　　　　（建築学【web】）

　　b. メーカー対(たい)スーパーの垂直的(すいちょくてき)パワー・バランスはほぼ0 : 1である。
　　　　　　　　　　　　　　　　　　　　　　　　　　　　　　（農業経済学）

　　c. 災害等(さいがいとう)によって生産量(せいさんりょう)が4億(おく)5000万(まん)トン程度(ていど)に抑(おさ)えられた。（農業経済学）

B　a. 表(ひょう)8に夫婦(ふうふ)のみの世帯(せたい)の値(あたい)を示(しめ)したが，南海地方(なんかいちほう)では8割弱(わりじゃく)が現住宅(げんじゅうたく)に「住(す)み続(つづ)けたい」と回答(かいとう)している。　　　（本論 ii 1 → 3）（建築学【web】） b.「わよ」は30代男性の半数近く（44%）が好ましいとしている。　　（日本語学）

C　a.「思ひ知る」等の用例全体の2割強が上のような意味で使われている。
　　　　　　　　　　　　　　　　　　　　　　　　　　　　　　　　（日本文学）

　b. 1990年8月以来，米政府は旋網を用いたマグロ漁に関係する20余りの国に対して禁輸措置を科した。　　（国際関係論）

注

*1 「ほぼ」は数値以外の語にも付く。
　例：100名中98名と，ほぼ全員が回答した。　　　　　　　　　　（作例）
　例：民借でも，……，結果は持家とほぼ共通している。　　　（建築学【web】）
*2 「X近く」と「X足らず」はどちらもデータの数値がXよりやや小さいときに使われるが，「X近く」には「Xと同じぐらい大きい」という評価，「X足らず」には「Xにも至らないほど小さい」という評価がこめられる。
*3 「ポイント」(point)という単位は，パーセンテージ(percentage)の差を示す時に使う。

本論ⅱ　結果の説明

4 数値の大きさを評価する　Evaluating the significance of a value

データの数値 (X) が大きいか小さいかについての筆者の評価を示す。A は小さいという評価，B と C は大きいという評価を示す。

表現

A　1.　〜は X に [過ぎない*1 ／とどまる]。

　　2.　〜はわずか X である。

B　1.　〜は X に [達する／上る／及ぶ]。

C　1.　〜は X を占める*2。

A　1.　〜 is no more than X.

　　2.　〜 is as [few / little] as X.

B　1.　〜 [amounts to / runs up to / reaches] X.

C　1.　〜 accounts for X.

実例

A　a.　彼らの賃金は都市の一般労働者の 58% にすぎなかったという。　　　（農業経済学）

　　b.　1996 年から 2004 年にかけて日本への入国者数は 1.8 倍の伸びを見せているのに対し，外国人の刑法犯検挙人員の増加率は 1.4 倍に過ぎず，日本全体の刑法犯検挙人員は同期間で人口の大きな上昇がないにもかかわらず 1.4 倍の増加を見せている（警察庁 2005）。　　　（本論 ii 9 → 4 → 10 → 9）（社会学【web】）

　　c.　わずか数年の間に輸出企業における大規模経営が急速に進展している。

　　　　　　　　　　　　　　　　　　　　　　　　　　　　　（農業経済学）

B a. 中国全体で農産物輸出企業は1.3万社に達している。　　　（農業経済学）

　b. 学習したことが今後の大学生活に役立つと答えた者が8–9割に上る。（教育学）

　c. これらの結果からわかるのは，国際化が進展している日本社会において交流を望む人は半数以上に上るものの，実際に外国人と交流を持っている人は1割程度ということである。　　　　　　　　　　　（本論ii 4→3）（社会学【web】）

　d. 長さが数十キロにも及ぶ流し網が世界各地で普及し始めた。　　　（国際関係論）

C a. 係船場では9科17種2392個体(実数)が採集された(Table 2)。最も多かったのはマハゼで，全個体数の78.1%を占めた。　　　（本論ii 8→4）（魚類学）

注

*1 「〜に過ぎない」は数値以外の語にも付く。
　例：（11）の内容が直接的であるのに対し，（12）の内容は状況の説明に過ぎない。
　　　　　　　　　　　　　　　　　　　　　　　　　　　　　（日本語学）
*2 「占める」は比率の大きさを評価するときに用いられる。次の二つの例文は同じ内容を表している。助詞の使い方に注意すること。
　例：「新法案に反対」と答えた人は，回答者全体の65%を占めている。　（作例）
　　　「新法案に反対」と答えた人が回答者全体に占める比率は65%である。（作例）

5 データが近似していることを示す
Identifying similarities observed in the data

複数のデータが近似していることを示す。Aはほとんど同じであることを示す表現, Bは似ていることを示す表現, Cは大きな違いがないことを示す表現, Dは統計的処理を行った結果, 有意差がないことを示す表現である。

表現

A　1. 〜と〜は（ほぼ）[同じ／同様]である。
　　2. 〜と〜は（ほぼ）等しい。
　　3. 〜と〜は（ほぼ）[一致している／合致している]。

B　1. 〜と〜は[似ている／近似している／類似している]。

C　1. 〜と〜には（大きな）[差／違い／差異]は[ない／見られない／認められない]。

D　1. 〜と〜には有意差は[ない／見られない／認められない]。

A　1. 〜 and 〜 are (almost) [the same / alike].
　　2. 〜 and 〜 are (almost) equal.
　　3. 〜 is (almost) [consistent with / in accordance with] 〜.

B　1. 〜 [is similar to / is close to / resembles] 〜.

C　1　No (great) [gap / difference] [exists / is seen / is recognized] between 〜 and 〜.

D　1. No significant difference [exists / is seen / is recognized] between 〜 and 〜.

実例

A　a. 第1因子と第2因子のα係数はほぼ同様である。　　　　　　　　　　（医学）

b. 日本においても，胸部疾患手術後の有酸素運動において POMS 各サブスケールが改善するという報告はあるが，今回の検討により健常ボランティアにおいても同様の結果が示された。　　　　　　　　　　　　　　　　　　　　（医学）

c. 20代の男性も20代の女性と同じくこの用法に違和感を覚える人が多い。

（日本語学）

d. *spi* は……*spoIIIE* とタンパク質レベルで高い相同性を示した。　　（農芸化学）

e. VSM で測定した結果については，文献値が得られなかった $CaTiO_3$ を除くと，文献値とほぼ等しい値となった。　　　　　　　　　　（環境資源学【web】）

f. この結果は「セルフ・エフィカシーを高くもつことは不安覚醒と不安の克服に有効である」という従来の知見と一致しており，GSES の基準関連妥当性が確認されたといえる。　　　　　　　　　　（本論ii 5 →本論iii 2）（医学）

B a. *L.plantarum* JCM1149[T], *L.plantarum* JCM1057 と *L.pentosus* JCM1558[T] のプロファイルは近似していた。　　　　　　　　　　　　　　　　（農芸化学）

b. $CaTiO_3$ に関しては，塩化鉄を添加した場合と同様に，25〜30 g/L で極小となり，計算値 (21 g/L) と近い値を示した。　（本論ii 9 → 5）（環境資源学【web】）

C a. これらの質問に対する回答の分布には大きな差異は見られなかった。　　（作例）

D a. Fig. 6 に示すように，両者に有意な差は認められなかった。

（本論ii 12 → 5）（農芸化学）

b. 近赤外光照射時の正常遊泳個体率は 10.9% であり，前回の航空機実験における 10.0% と比較し，有意差は認められず（χ^2 検定，$P > 0.05$），同等の割合であった。　　　　　　　　　　　　　　　　　　（本論ii 2 → 5）（水産学）

6 データが相違していることを示す
Identifying differences observed in the data

複数のデータが相互に異なっていることを示す。Aはデータに違いがあることを示す表現，Bはデータに統計的な有意差があることを示す表現である。

表現

A 1. 〜と〜は（やや／大きく）[異なる／異なっている]。
   2. 〜と〜には（わずかな／大きな）[違い／相違／差／差異]が[ある／見られる／認められる]。

B 1. 〜と〜には有意差が[ある／見られる／認められる]。

A 1. 〜 and 〜 (slightly / greatly) differ from each other.
   2. A (slight / great) [difference / gap] [exists / is seen / is recognized] between 〜 and 〜.

B 1. A significant difference [exists / is seen / is recognized] between 〜 and 〜.

実例

A a. 種組成の変化の様式は，二つの地点で異なっていた。 （魚類学）

   b. 基準株では，L.caseiグループとL.plantarumグループに顕著な差が認められた。 （農芸化学）

B a. 血圧は収縮期・拡張期血圧ともに中年群の方が高い値を示しており，拡張期血圧に有意な差が見られた（$p<0.05$）。 （本論ii 7→6）（健康スポーツ科学）

   b. GSES高低群のSTAI-Tの合計得点に対するt検定を行った結果，有意差がみられた（$t(100)=7.19$, $p<.01$, Fig. 1）。 （医学）

7 データの違いを説明する
Stating differences observed in the data

二つのデータ (X, Y) を比べてどのように違うかを示す。A はデータの数値の大小を示す基本的な表現，B は X がある基準の数値 (Y) より大きいか小さいかを示す表現，C はデータの量的な関係を示す表現である。

表現

A　1.　X [は／の方が] Y より高い[*1]。

　　2.　X [は／の方が] Y [に／と] [比べて／比較して／比べると／比較すると] 高い。

B　1.　X は Y を [上回っている／下回っている]。

C　1.　X は Y の [2 倍／3 倍] である。

　　2.　X は Y の [3 分の 1／3 分の 2] である。

A　1.　X is higher than Y.

　　2.　X is higher [compared with / in comparison with] Y.

B　1.　X [surpasses / falls below] Y.

C　1.　X is [twice as large as / three times larger than] Y.

　　2.　X is [one third / two thirds] of Y.

実例

A　a.　1998 年データによると，「間取り，部屋数」への満足度は「住宅の広さ」よりかなり低い。原因のひとつが「広さは十分だが間取りは不満」という場合で，古い住宅に多い。
　　　　　　　　　　　　　　　　　　　　　　　　　　　　　　(建築学【web】)

　　b.　脈拍は，若年群より中年群の方が高い値を示していたが，有意な差ではなかっ

c. 中級ではD群18.8%，K群26.2%，S群26.4%で，S群・K群はD群に比べて誤聴率が極めて高い。この結果からすると母語以外の要因による影響のほうが強いと考えられる。　　　　　　　　　(本論ⅱ 2 → 7 →本論ⅲ 2)（音声学）

　　　d. TiO₂はCaTiO₃に比べると明らかに，pHの影響を受けやすく，酸性およびアルカリ性で磁着率の低減が見られる。　　　　　　　　　　　（環境資源学【web】）

　　　e. 城南島と比較すると係船場では，年間を通して塩分は著しく低く，このことが種編成に影響しているものと考えられる。　(本論ⅱ 7 →本論ⅲ 2)（魚類学）

B　a. 1998年には磁気応用部品の生産実績が1991年を大きく上回り，従業員数や外注比率も下げ止まり，やや回復傾向にある。

　　　　　　　　　　　　　　　　　　　　　(本論ⅱ 7 → 9 → 11)（経営学【web】）

C　a. 日本の輸入量は1990年の109.2万トンから2000年代初めには300万トン余へと，わずか10年間で3倍あまりに急増した。　　　　　　　　（農業経済学）

　　　b. 「思ひ知る」人物が男性であるか女性であるかを見ると，男性83例，女性139例，その他人間一般を指す例が6例となっており，女性が全体の約3分の2を占めている。　　　　　　　　　　　　　　　　　　　　(本論ⅱ 2 → 7)（日本文学）

注

*1　「〜より高い」のほか，以下のような表現がよく使われる。
　　[〜より低い lower than 〜／〜より多い more than 〜／〜より少ない less than 〜／〜より大きい larger than 〜／〜より小さい smaller than 〜]

8 順位を付ける Ranking and ordering items

三つ以上のデータを比べて順位を付けて提示する。A は第一位のものを示す場合，B は次の順位のものを示す場合，C はある順位より下のものをまとめて示す場合に用いる。

表現

A　1.　(〜の [中で／うちで／うち]) 最も高い*1 のは A である。
　　2.　(〜の [中で／うちで／うち]) A が最も高い。

B　1.　[次に／次いで] 高いのは B である。

C　1.　以下，C, D, E [と続く／の順になっている]。

A　1.　The highest one ([in / among / of] 〜) is A.
　　2.　A is the highest ([in / among / of] 〜).

B　1.　The next highest is B.

C　1.　C, D and E [follow / are ranked] below.

実例

A　a.　満足度が最も高いのはやはり南海地方だが，住戸規模は大都市中心の次に狭い。
　　　　　　　　　　　　　　　　　　　　　　　　　　　　　　(建築学【web】)

　　b.　最も個体数の多かった種はニクハゼ *Gymnogobius heptacanthus* で，全個体数の 55.5％ を占めた。　　　　　　　　　(本論 ii 8 → 4) (魚類学)

B　a.　係船場では 5 か月の稚魚が最も多かったが (35.7％)，次に多かったのが 3 か月と 4 か月であった (21.4％)。　　　　　　　　　　　　　　　　　(魚類学)

b. Fig. 12 に焼却灰のXRDパターンを示す。NaClのピークが非常に大きく、次いで大きい順に Fe_3O_4, $CaTiO_3$, TiO_2 が同定された。

(本論 ii 1 → 8)（環境資源学【web】）

c. 『源氏物語』に見える仏教漢語の中では、「宿世」という語が120例と群を抜いて[*2]多い。2位は「法師」で、以下13位「数珠」までは、すべて僧侶を指す用語もしくは仏道の営みに関わる用語である。　　　　　　　　　　（日本語学）

C a. 広東省への流入は28.4%と、流動化した農村労働力の実に3割弱が広東省に流入していることになる。以下続いて、浙江省(8.1%)、江蘇省(6.8%)、山東省(4.7%)、上海市(4.4%)、福建省(4.2%)などとなっている。

（農業経済学）

注

[*1] 「一番高い」は口語的であり、論文ではほとんど使われない。「最も高い」のほか、以下のような表現がよく使われる。

[最も低い lowest／最も多い most／最も少ない fewest, least／最も大きい largest／最も小さい smallest]

この他、「最高」「最低」「最多」「最少」「最大」「最小」などの漢語もよく使われる。

[*2] 「群を抜いて」は「他を大きく引き離して、目立って」[高い／多い／大きい]という意味である。「群を抜いて」の類似表現として、「突出して」がある。

9 変化の仕方を示す　Describing the manner of change

時間の経過に伴うデータの変化の様態を示す。Aは変化の大きさ，Bは変化の速さを示す。Cは統計的に有意な変化を示す。Dは変化の極を示す。

表現

A 1. 〜は [大きく／大幅に／著しく／やや／僅かに] [増加している／増加した]*1。
　 2. 〜は [大きな／著しい／僅かな] 増加を [見せている／示している]。
　 3. 〜には [大きな／著しい／僅かな] 増加が [見られる／認められる]。

B 1. 〜は [急速に／急激に] [増加している／増加した]。
　 2. 〜は [徐々に／次第に／ゆるやかに] [増加している／増加した]。

C 1. 〜は有意に [増加している／増加した]。
　 2. 〜には有意な増加が [見られる／認められる]。

D 1. 〜は [ピーク／極大値／極小値] を示している。

A 1. 〜 [shows / has shown] a [large / large scale / remarkable / somewhat / humble] increase.
　 2. 〜 [shows / exposes] a [large / remarkable / humble] increase.
　 3. A [large / remarkable / humble] increase is [observed / recognizable] in 〜.

B 1. 〜 [shows / has shown] a [rapid / abrupt] increase.
　 2. 〜 [shows / has shown] a [little by little / gradual / slow] increase.

C 1. 〜 [shows / has shown] a significant increase.
　 2. A significant increase [is observed / is recognizable] in 〜.

D 1. 〜shows [a peak / the maximum/ the minimum].

II レポート・論文の表現

実例

A a. タンパク質は，BC無添加の条件下で，培養56時間において著しく減少した。
(作例，生物学)

b. 60回転により体調が悪化した者は，30回転後も循環応答に大きな変化を示している。
(健康スポーツ科学)

B a. 欧州市民の間における海洋環境保護の意識は急速に高まっている。
(国際関係論)

b. ここ数年の動向としては，徐々に上位2業種への集中が高まっているという。
(農業経済学)

C a. プログラム前後で男性では有意な体重変化はなかった。女性では1%未満の危険率で有意に減少したが，その体重変化は0.46 kgにとどまった。
(本論ii 10 → 9 → 4)(医学)

b. b/aは若年群，中年群ともに回復30秒に有意な上昇（$p<0.05$）が見られ，その後漸次回復傾向が見られた。　(本論ii 9 → 11)(健康スポーツ科学)

D a. $CaTiO_3$に関しては，……塩化鉄の水溶液中濃度25〜30 g/L付近で磁着力が約25wt%まで低下し，極小値を示していることがわかる。
(環境資源学【web】)

b. TiO_2回収率は，30 g/Lで最も高くなり，塩化鉄を添加しない場合に比べ，54wt%から71wt%に向上した。　(環境資源学【web】)

注

*1 「増加する」のほかに，以下のような変化を表す動詞がよく使われる。
[増える increase／減る，減少する decrease／上がる，上昇する rise／下がる，低下する，下降する，下落する fall]
また，以下の動詞は，「大きく」「大幅に」のような副詞を伴わずに使用される。
[急増する show a rapid increase／微増する show a humble increase／漸増する show a gradual increase]

10 変化がないことを示す　Stating the absence of change

時間が経過してもデータに（ほとんど）変化がないことを示す。Aは一般的な表現，Bは実験結果の説明によく用いる表現である。

表現

A　1.　～に（大きな）変化は［ない／見られない／認められない］。
　　2.　～は（ほとんど）変わっていない。

B　1.　～は（ほぼ）一定である。

A　1.　No (remarkable) change is [existent / observed / recognized] in ～.
　　2.　～ remains (almost) unvaried.

B　1.　～ remains (almost) constant.

実例

A　a.　農地取得が困難である状況に大きな変化はなく，しかも状況はますます困難なものになりつつある。　　　　　　　（本論ii 10 → 11）（農業経済学）

　　b.　POMのAnger-Hostility（怒り–敵意）においては，女性では有意の変化はなく，男性はn＝5のため統計解析を行わなかったが改善の傾向があった。
　　　　　　　　　　　　　　　　　　　　　　　　　（本論ii 10 → 11）（医学）

　　c.　両年齢群とも体調変化のなかった者は，血圧，加速度脈波に大きな変化は見られなかった。　　　　　　　　　　　　　　　　　　（健康スポーツ科学）

　　d.　10倍量のFeSO₄を添加した場合も，菌体量は変わらなかった。（作例，生物学）

B　a.　回復期の全期間を通して血圧はほぼ一定であった。　　　　（作例，医学）

11 変化の傾向を示す　Describing the tendency for change

以下の表現は，主として社会科学の分野で，ある期間におけるデータの変化の傾向を示す際に使われる。Aは変化が進行していることを示す表現，Bは変化の傾向を示す表現，Cは一方向への著しい変化を示す表現である。これらの表現は，序論における研究の背景の説明にもよく使われる。

表現

A　1.　〜は増加し[*1]つつある。

B　1.　〜は増加傾向[*2]［にある／を示している］
　　2.　〜には増加傾向が［見られる／認められる］。

C　1.　〜は増加する一方である[*3]。
　　2.　〜は増加の一途をたどっている[*3]。

A　1.　〜 is on the increase.

B　1.　〜 [is / is observed to be] inclined to increase.
　　2.　A tendency to increase is [seen / recognized] in 〜.

C　1.　〜 never stops increasing.
　　2.　〜 is steadily increasing.

実例

A　a.　近年，この海域においても，海面温度が上昇しつつある。　　　（作例，水産学）

　　b.　国有農場は……新たな生産拠点の一つとなりつつある。　　　（農業経済学）

B　a.　表2は全国で発生した盗難事件の数の推移を示したものであるが，明らかに近年増加傾向にある。　　　　　　　　　（本論ii 1 → 11）（作例，社会学）

b. 中年群においても……b/a が低下する傾向が見られた。　　　　（健康スポーツ科学）

c. コレステロールプールが減少傾向を示したのはこのためである可能性が考えられる。　　　　　　　　　　　　　（本論ii 11→iii 4）（農芸化学）

d. セグメント別の雇用変化率を見てみると，事業構造転換や事業の高度化に成功していると考えられるグループは……雇用維持率が相対的に高く，失敗しているとされるグループは減少傾向が目立つ。　　　　　　　　（経営学【web】）

C a. 若年労働人口は減少する一方である。　　　　　　　　（作例，社会学）

注

*1 「増加する」のほかに，以下のような変化を表す動詞がよく使われる。
　　［増える increase／減る，減少する decrease／上がる，上昇する rise／下がる，低下する，下降する fall］

*2 「増加傾向」のほかに，以下のような表現がよく使われる。
　　［減少傾向／上昇傾向／低下傾向］

*3 「～一方である」，「～の一途をたどっている」は，一般に望ましくない方向への変化を示す場合に使われる。

12 判明事項を述べる　Stating the findings

Aはある研究行動をとった結果，明らかになったことを示す場合に用いる。B，Cは図／表から明らかなことで注目すべきことを示す場合に用いる。

表現

A　1.　__研究行動__［したところ／した結果／の結果］*1，～ことが［わかった／明らかになった／判明した］。

　　2.　__研究行動__［により／で］，～ことが［わかった／明らかになった／判明した］。

B　1.　［図／表］［から／より］，～ことが［わかる／明らかである］*2。

C　1.　［図／表］から［わかる／明らかな］ように，～。
　　2.　［図／表］が示しているように，～。
　　3.　［図／表］によれば，～。

A　1.　[Upon doing / From the results of] __research action__, it has been [shown / revealed / proved] that ～.

　　2.　[From / By] __research action__, it has been [shown / revealed / proved] that ～.

B　1.　The [figure / table] [indicates / reveals] that ～.

C　1.　As is [observed in / clear from] the [figure / table], ～.
　　2.　As the [figure / table] demonstrates, ～.
　　3.　According to the [figure / table], ～.

実例

A　a.　*spi* DNA をプローブとして他菌種における *spoIIIE* 様遺伝子の存在を検索したところ，……広範囲の菌種に存在することが判明した。　　　　　　　（農芸化学）

b. コンポストから分離した No. 161 は，グラム陽性で電子顕微鏡観察の結果，鞭毛を有する桿菌であることが判った (Fig. 1)。　　　　　　　　　　（農芸化学）

c. 現在のテレビドラマでは，今なお若い女性たちが女性文末詞を使用していることが前述の調査で明らかになった。　　　　　　　　　　　　　　　　（日本語学）

B a. 図1より，3群とも語中・低ピッチ無声破裂音の誤聴率が最も高いことがわかる。　　　　　　　　　　　　　　　　　　　　　　　　　　　　　（音声学）

b. Fig. 4 に本実験で用いた試薬のうち反磁性体を除いたものに関して，磁束密度に対する磁化の測定結果を示す。TiO_2 と $CaTiO_3$ 以外はすべて線形の関係を示しており，常磁性体であることがわかる。　（本論ii 1 → 12）（環境資源学【web】）

C a. 表2から分かるように，自然音階と平均率の間にはずれが生じる。
　　　　　　　　　　　　　　　　　　　　　　　　　　　　（作例，物理学）

b. 図1が示しているように，プログラム規模が大きい機関では，ホームページで周知している比率が高く，電子化が比較的進んでいる。　　　　（作例，教育学）

c. 表1は1997年における在東アジア現地法人と国内拠点の拠点間関係に関する実態である。同表によれば，機械産業に属する現地法人 1,757 社のうち現地と国内の間に工程間関係が形成されているサンプルの比率が 42.9% である。

　　　　　　　　　　　　　　　　　　　（本論ii 1 → 12）（経営学【web】）

注

*1 「ところ」「結果」の前の動詞は必ず過去形になる。また，名詞に「の結果」がつく形はある (実例 Ab) が，名詞に「のところ」がつく形はない。

*2 図や表を示して説明する場合は，「わかる」「明らかである」のように現在形を使うのが普通である。

本論 iii 検証型の考察
Discussion in an experiment/research-based paper

考察部分の書き方は，論文のタイプによって異なる。ここでは検証型の論文の表現を示す。検証型の論文の場合は，実験や調査の結果から結論を引き出し，その過程を論理的に説明することが求められる。

The writing of a "discussion" section depends on the type of a paper. In this chapter we look into the expressions used in the discussion of an **experiment/research-based paper**. You should draw reasonable conclusions from the results and demonstrate the arguments in a logical way.

1 結果を再確認する　Recapitulating the results

結果から得た重要な点を確認し，その後の考察につなぐ。

表現

A 1. <u>研究行動</u>[の結果／した結果／から]，〜ことが[わかった／明らかになった／示された]*1。

2. <u>研究行動</u>[の結果／した結果／から]，〜（という）可能性が[見られた／認められた／示唆された]。

3. <u>研究行動</u>から次のような〜が明らかになった。

A 1. From the result of <u>research action</u>, it [was revealed / became clear / proved itself] that 〜.

2. From the results of <u>research action</u>, the possibility that 〜 has been [found / recognized / implied].

3. From <u>research action</u>, the following 〜 have been revealed.

実例

A a. これらの結果から，多雪地方と南海地方では，居住の継続性に関する意識が違うことがわかる。
　　　　　　　　　　　　　　　　　　　　　　　　　　　　（建築学【web】）

b. パニック障害患者と健常者の一般性セルフ・エフィカシーの違いを検討した結果，健常者に比べ，パニック障害患者は失敗に対する不安が高く，行動の積極

性が低く，一般性セルフ・エフィカシーが低いことが示され，パニック障害患者におけるGSESの臨床的妥当性が確認された。 (医学)

c. 本研究では，……加速度脈波を動揺病の指標として用いて模擬的に動揺病に似た症状を発病させ，回転刺激が及ぼす影響を検討した。その結果，強い回転刺激による体調変化を弱い回転刺激の加速度脈波の波形成分の変化から予測できる可能性が示唆された。 (健康スポーツ科学)

d. 〔8種類の教科書から禁止の場面を抽出した〕その結果，複数の教材に共通する禁止の場面として，医師が患者の行為を禁ずる場面，美術館員が写真撮影をしようとしている客を制する場面，駐車禁止のところに車をとめた者を制する場面の3場面が認められた。 (日本語教育学)

注

*1 そのほかによく使われる表現として以下のものがある。
〔認められた was recognized／確認された was confirmed／示唆された was implied〕

2 結果を解釈する　Interpreting the results

Aでは実験・調査の結果についての解釈を述べる。Bではある条件の下での解釈を示し、Cでは複数のデータに基づいた解釈であることを強調する。

表現

A　1.　＿実験／調査＿の結果から、＿解釈内容＿と［言える／考えられる］*1。
　　2.　＿実験／調査＿の結果により、＿解釈内容＿が示唆された。
　　3.　＿実験／調査＿の結果について、＿解釈内容＿［という見方ができる／と考えられる］。

B　1.　＿実験／調査の対象＿に関する限り、＿解釈内容＿と言える。

C　1.　＿複数のデータ＿を［照らし合わせる／総合する］と、＿解釈内容＿が明らかになる。
　　2.　得られた結果を総合すると、次のようなことが言える。

A　1.　It [follows / is inferred from] the results of the _experiment / survey_ that _interpretation_.
　　2.　From the results of _experiment / survey_ it is suggested that _interpretation_.
　　3.　Concerning the result of _experiment / survey_, we can [see / understand] that _interpretation_.

B　1.　As far as [_objects of experiment / survey_] are concerned, we can say that _interpretation_.

C　1.　When we [compare / take all the results into account of] _several data_, _interpretation_ becomes evident.
　　2.　When we take all the results into account, we can say the following.

実例

A　a.　実験Aでは、被験者の「ポジティブ感情」は有意に高いことが示された。このことから、仮説(1)は支持されたと考えられる。　　　　　（作例、心理学）

b. これらのことから，A地点に比べ，B地点では特定の種の交代が頻繁に起こることが示唆される。　　　　　　　　　　　　　　　　　　　　　　　　（魚類学）

c. ここまでの実験結果により，バシトラシンの添加により生育が促進されることが両菌種において示唆された。　　　　　　　　　　　　　　　　　　　　　（農芸化学）

d. サンプルを分類した結果，各グループのサンプル数はそれぞれ多角的成長型（66社：30.6%），主力事業特化型（45社：20.8%），事業転換成功型（41社：19.0%），事業転換失敗型（64社：29.6%）となった。……何らかのかたちで高付加価値領域へ事業構造の調整を進めていると思われる企業（事業転換失敗型以外のグループ）が70%程度存在していると推測される。

（本論ⅲ 1 → 2）（経営学【web】）

B a. 本調査の対象者に関する限り，文章の音読は読解力の向上に有効であったと言える。　　　　　　　　　　　　　　　　　　　　　　　　　　　（作例，教育学）

C a. これらの結果と照らし合わせると，ティラピアも個体差はあるが可視光照射下と同様に背光反射により姿勢保持を行うことから，視覚情報として近赤外光を受容できる可能性が高い。　　　　　　　　　　　　　　　　　　　　　　　（水産学）

b. 陳らは，……という点を指摘している。これらの点と，パニック障害患者が物事を完璧にこなす傾向をもつというSaboonchiの指摘を照らし合わせて考えてみると，パニック障害患者は，自分自身で物事を完璧にコントロールできないと思う場合には失敗を恐れ，「また発作が起こるのではないか」と考え，積極的に行動できていないと考えられる。　　　　　　　　　　　　　　　　　　　　（医学）

注

*1 そのほかによく使われる表現として次のようなものがある。
～が［示唆される is implied／うかがえる is inferred／読み取れる can be understood／推察される is conjectured］

3 結果と先行研究との関係を示す
Comparing your results with those from previous research

実験・調査の結果について，Aでは先行研究と同じか似ている結果になったこと，Bでは先行研究と異なる結果になったことを示す。

表現

A 1. ＿実験／調査＿では，＿先行研究＿と同じような［結果になった／結果を得た／傾向が見られた］。
   2. ＿実験／調査＿の結果は，＿先行研究＿と（ほぼ）［一致／類似］する。
   3. ＿実験／調査＿の結果は，＿先行研究＿を［支持している／裏付けている］。

B 1. ＿実験／調査＿では，＿先行研究＿と異なる結果になった。
   2. ＿実験／調査＿の結果は，＿先行研究＿に反するものになった。

A 1. The _experiment / survey_ [produced the results / revealed a tendency] similar to those of _previous study_ .
   2. The results of _experiment / survey_ (almost) [agree with / are similar to] those of _previous study_ .
   3. The results of _experiment / survey_ [support / back] those of _previous study_ .

B 1. Our _experiment / survey_ produced results which are different from those of _previous study_ .
   2. The results of our _experiment / survey_ are contradictory to those of _previous study_ .

実例

A a. Hyland (1999) は，文系・理系の8分野80論文を対象に調査を行い，文系の論文は理系に比べ引用が多く，引用の動詞を多用していることを報告している。本研究でも，文系の論文について Hyland (1999) と同じような傾向が見られた。

(作例，日本語教育学)

  b. 本研究で得られた各因子のα係数はこれまでの先行研究の結果 (嶋田他，1994)

と類似しており，特に第1因子と第2因子のα係数はほぼ同様である。　（医学）

c. GSESの妥当性を検討したところ，先行研究とほぼ同様な因子構造を示しており，GSESの因子的妥当性が確認された。　（医学）

d. ……。このことは，素朴概念を主張する学習者らは日常経験知の立場から，科学的概念を積極的に意味づけようとしているという西川やMichaelsらの指摘を裏付けるものと考えられる。　（教育心理学）

B a. 今回の調査では，留学生の友人ネットワークの有無と日本語学習へのモチベーションには関連があるとする従来の研究とは異なる結果となった。

（作例，日本語教育学）

b. 以上のように，本研究のmRNA定量結果は，過去の報告に反する結果となった。……従って，IIAEKへの影響については，今後さらに詳細な研究が必要である。　（農芸化学）

II レポート・論文の表現

4 原因を推測する　Inferring a cause

実験・調査の結果について，そのような結果が出た原因を考察する。

表現

A　1. ～は，　原因　に［よるものである／起因している］と［考えられる／推測される／推察される］*1。

　　2. ～は，　原因　のためであると［考えられる／推測される／推察される］。

　　3. ～は，～が［原因／一因］であると［考えられる／推測される／推察される］。

　　4. ～は，　原因　によって［もたらされた／ひきおこされた］可能性がある。

　　5. ～の［原因／一因］として，～が［挙げられる／考えられる］。

A　1. We can [suppose / infer / surmise] that ～ [is the results of / results from] _cause_ .

　　2. It is [suggested / inferred / inferable] that ～ results from _cause_ .

　　3. We can [suppose / infer / surmise] that ～ is [the / a] cause for ～.

　　4. ～ might be [the result of / caused by] _cause_ .

　　5. We can [name / think of] ～ as [the / a] cause for ～.

実例

A　a. いずれの飛灰も混合比率が高い方が最大強度になる温度は高くなっている。これはCaO比が高くなったことによるものと考えられる。　　（環境資源学【web】）

　　b. このような血圧上昇や加速度脈波波形の変化は，血管交感神経系活動の亢進によるものと考えられる。　　（健康スポーツ科学）

　　c. 協働推敲については，仲間からのコメントを有効とする回答が6割を超えた。にもかかわらず，今後も実践するとの答えが4割前後しかなかったのは，授業内の活動という枠組みを離れて個人で継続できるかどうかという点で，回答を躊躇しているためと考えられる。　　（教育学）

d. 東京湾では，夏期に貧（無）酸素水塊が海底付近にしばしば発生することが知られていた。8月〜10月に魚類がほとんど出現しなかったことは貧酸素に起因していた可能性が考えられる。　　　　　　　　　　　　　　　　　（魚類学）

e. 借家は相続対象とならないので，持家に世代を超える性格がある多雪系では，持家と借家に対する意識が大きく異なることとなる。多雪地方の規模満足度の低さが持家に特徴的なのは，この点が原因だと考えられる。　　（建築学【web】）

f. A地点でのハゼ科魚類の種数の急速な減少は，夏期の生息環境の悪化がB地点より早く起こることによってもたらされた可能性がある。　　　　（魚類学）

g. Aグループの場合は有意な結果が示されなかった。その原因として以下のことが考えられる。　　　　　　　　　　　　　　　　　　　　　（作例，教育学）

> 注

*1 「推測される／推察される」のほかに「推測できる／推察できる」も使われる。

5 研究方法の妥当性について述べる
Establishing the validity of the approach

実験・調査の方法について検討し、それが妥当なものであることを示す。

表現

A 1. ＿実験・調査＿の方法は、～において [妥当である／信頼できる／信頼性を有する] と考えられる。
  2. 本実験で用いた [尺度／指標] は、信頼できると言える。

A 1. The method of _experiment / survey_ is considered to be [appropriate / reliable].
  2. The [criteria / indicater] we used in our experiments can be considered to be reliable.

実例

A a. 本研究で得られた各因子のα係数はこれまでの先行研究の結果 (嶋田他, 1994) と類似しており、特に第1因子と第2因子のα係数はほぼ同様である。したがって、GSESは広場恐怖を伴うパニック障害患者を対象においても一定の信頼性を有する尺度であると言うことができる。　　　　　(本論ⅲ 3 → 5) (医学)

  b. 以上から、操作回数は精緻化効果の評価指標として利用できるといえる。

(教育心理学, 作例)

  c. 乳酸菌においても同様の手法が適用できると考え、分離株の同定を試みた。その結果は、分子系統解析の結果とよく合致しており、本法も乳酸菌の安価かつ簡便な同定に適用可能であると判断した。　　(本論ⅰ 2 →本論ⅲ 5) (農芸化学)

6 予想と異なる結果について述べる
Stating results that differ from the original expectation

実験・調査の結果が当初の仮説や予想と反していたことを示す。多くの場合、そのような結果になった原因についての検討が後に続く。(⇒本論iii 4「原因を推測する」参照)

表現

A 1. ＿実験／調査＿は、予想に反する結果となった。これは＿原因＿によるもの(である)と [考えられる／推測される／推察される]。
　2. ＿実験／調査＿では予測値とは異なる結果 [となった／が示された]。これについては次のように説明できる。

A 1. The results of our _experiment / survey_ contradicted our expectations. It is [suggested / inferred] that it resulted from _cause_.
　2. The _experiment / survey_ produced a result that disagrees with the predicted value. We can provide the following explanation for this.

実例

A a. 円高が進行していることから、輸入農産物の国内価格に影響が出ることが予想された。しかし今回の調査では価格の変化は観察されず、予想に反する結果となった。これは、企業側が円高差益を価格に反映させなかったことによるものと考えられる。
　　　　　　　　　　　　　　　　　　　　　　　　　(作例、農業経済学)

　b. 女性たちの職業を見てみると、高校生に次いでキャリアたちの(女性文末詞の)使用率90％が際だっている。社会で男性と同様に成功している女性たちの言葉は中性化しているかと予想していたが、ドラマの中のキャリアたちは積極的に女性文末詞を使用している。
　　　　　　　　　　　　　　　　　　　　　　　　　　　　(日本語学)

　c. 実験2では、予測値と大きく異なる結果となった。これについては、次のように説明できる。
　　　　　　　　　　　　　　　　　　　　　　　　　(作例、食品化学)

[コラム 12] 概念にラベルを付ける
Labeling your ideas

例えば「……という事実」「……すること」のように，文末に名詞が付いた文は一つの名詞と同じで，大きい文の要素として埋め込むことができる。レポートや論文などでは，埋め込み文のある複雑な構造の文を多用するが，その意味をわかりやすくするには，埋め込まれる文に「こと」「の」ではなく，述べられている概念を端的に示す名詞を付けるとよい。いわば，「ビン」に中身を示す「ラベル」を付けるようなものである。内容とラベルはしばしば「という」で結ばれる。

A sentence ending with a noun, such as "…… という事実 (the fact that…)" and "… すること (that ….)", becomes a noun clause and may be embedded into a larger sentence. It is often a good idea to attach, instead of *koto* and *no*, a noun that indicates the nature of the idea described, as if attaching a label onto a bottle. という often intervenes between the sentence (bottle) and the noun (label).

1 「の」「こと」を具体的な名詞に変える

下の例1では，「の」を「という事実」，例2では「こと」を「見解」としたため，事柄の性質がはっきりした。

例1: DNA の二重らせん構造を発見したワトソンらがシュレジンガーに影響を受けたのは，よく知られている。
　→ ☺ DNA の二重らせん構造を発見したワトソンらがシュレジンガーに影響を受けたという事実は，よく知られている。

例2: 少年犯罪に対する刑罰を強化すべきだということが，夕日新聞の 2008 年 3 月 15 日の社説に出ていた。
　→ ☺ 少年犯罪に対する刑罰を強化すべきだという見解が，夕日新聞の 2008 年 3 月 15 日の社説に出ていた。

2 ラベル付きの文に変える

下の例1，例2の ☺ の文では，ラベルを付けた文の形にまとめたため，文の構造が整理され学術的記述らしくなった。

例1: 調査班は，未発見の遺跡が存在するかもしれないと述べた。

→ ☺ 調査班は、未発見の遺跡が存在する可能性に言及した。

例2: 地上100メートルもの高さの高層建築住宅に住んでも人の体や心は大丈夫なのであろうか。このことについては、まだ研究されていない。

→ ☺ 地上100メートルもの高さの高層建築住宅に住むことが心身に及ぼす影響については、まだ研究されていない。

3 筆者の判断を反映するラベルを付ける

前の文を言い換える名詞もラベルとして働く。ラベルに筆者の態度が表されることもある。下の例1では、当時の状況は不当だったという筆者の判断が「差別」というラベルに示されている。一方、例2は中立的である。主張を明確に打ち出すなら例1を、客観的に述べるなら例2を選ぶべきである。

例1: 当時はさまざまな因習が男子学生と女子学生とを隔てていたが、彼女は、そうした差別に負けることなく自分の勉強を進めた。

例2: 当時はさまざまな因習が男子学生と女子学生とを隔てていたが、彼女は、そうした状況に負けることなく自分の勉強を進めた。

[コラム 13] 視点と文の形
The viewpoint and structure of a sentence

日本語文の構造，例えば，何を主語にするか，主語や目的語を省くか，述語を能動態と受動態のどちらにするかなどは，その前後の文脈によって決まる。一連の経緯や関連する概念を述べるには，その流れの中で中心となる事物・人物に視点を置いて，それをむやみに移動させないことが大切である。

The structure of a Japanese sentence is significantly influenced by the discourse that it carries. It is advisable to take the viewpoint of the central figure in a discourse and maintain it throughout.

1 視点を一定にする

「視点」とは，誰の立場から物事を観察するかを示す概念である。下の例1と例2には，「日本―提案する」「米国―反対する」という「動作をする主体とその動作」の組合せが二つある。例1はそれぞれの動作主をそれぞれ主語にしていて，視点が一定でない。これに対して例2は，「日本」の視点から述べている。

例1: 日本が二酸化炭素排出量削減の数値目標設定を提案し，米国が反対した。

例2: 日本は二酸化炭素排出量削減の数値目標設定を提案し，米国に反対された。

上の例1と例2はどちらも間違いではないが，下の例3，例4のように，日本についての文章の中で用いられるのであれば，例2を用いた例4の方が適切である。

例3: ☹ 日本は世界環境の保護において主導的立場を取ろうとしているが，道は平坦ではない。先年の国際会議で，日本が二酸化炭素排出量削減の数値目標設定を提案し，米国が反対した。

例4: ☺ 日本は世界環境の保護において主導的立場を取ろうとしているが，道は平坦ではない。先年の国際会議で，日本は二酸化炭素排出量削減の数値目標設定を提案し，米国に反対された。

2 具体的な人物／事物に視点を合わせる

下の例5, 6, 7は，同じ事実を述べているが，述語の選択や文の形が少しずつ異なることに注意してほしい。

例5: <u>キャリー・マリスは</u>，膨大なDNAの中からある文字列を含む部分を短時間に特定する方法を発明し，研究対象部分のDNAを大量に複製するという遺伝子研究の課題を<u>解決した</u>。

例6: <u>遺伝子研究では</u>，膨大なDNAの中からある文字列を含む部分のDNAを特定して十分な量に増やすのに時間がかかることが課題となっていた。キャリー・マリスが発明した方法によって，<u>研究対象部分のDNAを短時間に特定し大量に複製することが可能になった</u>。

例7: ☹ (遺伝子の) 研究者は，膨大なDNAの中から研究対象とする部分のDNAを探し出して十分な量に増やさなければならない。キャリー・マリスがある文字列を含む部分を短時間に特定する方法を発明し，<u>研究者</u>は，研究対象とするDNAを大量に複製することができるようになった。

全体が「キャリー・マリス」の実績について説明する文章なら例5,「遺伝子研究の発展」についての文章なら例6が適切であろう。

例7は間違いではないが，例5と例6に比べると「なんだかぼんやりしている」と感じられる。これは，例5と例6では，具体的な人物・事物に視点がおかれ，事実がその視点人物（事物）にとってどんな意義があったかが述べられているのに対し，例7では，他にもっと具体的な人物・事物があるのに，「(遺伝子の) 研究者」という不特定の人物に視点が置かれていて，事実の意義付けもなされていないからである。論文などで自分の主張を明確にしたいときは，例5, 6のような記述が適切であろう（⇒ 事実の意義付けについては，コラム12「概念にラベルを付ける」も参照）。

コラム13 視点と文の形

本論iv 論証型の考察 Discussion in a literature-based paper

ここでは論証型の論文の考察部分で使われる表現を示す。論証型の論文では，これまでの研究についての批判的な検討や，過去のデータについての分析や解釈を行いながら考察を進めていくことが多い。以下の本論iv 1〜6, 12 は考察の流れを作る表現で，7〜11 は考察の内容を示す表現である。

In this chapter we look at the expressions used in the discussion section of a **literature-based paper**. A literature-based paper often proceeds with its inquiry by critically exmanining previous studies and their analyses/interpretations. The expressions below in 1–6 and 12 are used to set a course for discussion, and those in 7–11 are used to present your ideas.

1 中心的な問題や考察の視点を示す
Stating the central issue and the view point of ideas

論証型の論文では考察や議論を進めるために，論文で扱う範囲を限定し対象を明確にする (A)。考察の観点，問題の捉え方などを示すこともある (B)。

表現

A 1. [本稿では／ここでは], <u>対象</u> に [焦点をあてて／注目して／着目して] [検討する／考察する／論じる]。
   2. [本稿では／ここでは], <u>論点</u> に [限定して／絞って] 議論を進める。

B 1. [本稿では／ここでは], この問題を <u>研究課題</u> [の／という] [観点／視点／立場] から [検討する／考察する／論じる]。
   2. 本稿は〜を〜の問題として [とらえる／考える／見る]。

A 1. [In this paper / Here] we will [focus on / note / draw attention upon] <u>object</u> and [inquire into / consider / discuss] it.
   2. [In this paper / Here] we proceed with our discussion [focusing on / limiting the scope to] <u>topic</u>.

B 1. [In this paper / Here] I will [inquire into / consider / discuss] the problem from the [perspective /

viewpoint / standpoint] [of / that] *research topic* .
2. We [grasp / consider / look at] the issue in terms of 〜.

実 例

A a. 本論では，農民，特に赤髭の主人に注目して「グスコーブドリの伝記」の読みをすすめてゆく。　　　　　　　　　　　　　　　　　　　　（日本文学【web】）

 b. ここで考察を進める手掛かりとして，「思ひ知る」という語に着目したい。……以下，「思ひ知る」およびその類語をとりあげ，それらの語が『源氏物語』の中でどのように使用されているかを見ていく。　　　　　　　　（日本文学）

 c. ここで対外国人意識の問題を日本全体ではなく外国人との接触が急激に高まった自治体に焦点を当てて見てみたい。　　　　　　　　　　（社会学【web】）

B a. ここでは，後者の問題を取り上げ，自己決定および秘匿の観点から，労働者の検診拒否の当否と検診結果の開示の問題を検討したいと考える。　（法学【web】）

 b. ……という問題を捉えるには理論的・実証的見地から限界があるように思われる。そこで，本論は国際分業を企業のグローバル戦略における「配置」の問題として捉える。　　　　　　　　　　　　　　　　　　　　（経営学【web】）

本論Ⅳ　論証型の考察

2 ある前提・条件・仮定のもとに議論する
Discussing the premise and conditions

Aでは考察や検討の条件や前提となることを示す。Bでは仮定的な状況を設定することによって、議論を進める。

表現

A　1．＿＿研究課題＿＿について～，［という前提で／を前提に／を前提として］［考察／検討］する。
　　2．＿＿前提／条件＿＿という点を［踏まえて／考慮して］［考察／検討］する。

B　1．～と仮定［すれば／すると／したとき／した場合］，～［ことになる／と言える］。
　　2．～［ならば／とすると／とすれば］，～［ことになる／と言える］。

A 1. Let us [discuss / inqire into] _research topic_ [on the premise / with the assumption] that ～.
　2. We will advance our [inquiry / discussion] taking _assumption / condition_ into [account / mind].

B 1. [If we assume / On assuming / When we assume] that ～, then we may safely [conclude / say] that ～.
　2. If it is [the case / assumed] that ～, we may safely [conclude / say] that ～.

実例

A a．鉄道や電話サービスなど，コンピュータシステムの障害について十分な対策をとっているはずのところでも，システム障害を完全に防ぐことはできない。本稿では，システム障害は必ず起こるという前提で，障害が起こった場合の対策について検討したい。
　　　　　　　　　　　　　　　　　　　　　　　　　（作例，情報科学）

　b．わが国のようにとりわけ公私が曖昧な職場において，実際に各種の私的行為は黙認されてきたといえるのである。現実に許容されるべき私的行為が存在すること

を前提に、労働者の職務専念義務の見直されることが必要である。(法学【web】)

c. 以下では、学習者の母語による影響を考慮した上で、本プロジェクトが個々の学習者に与えた効果を検討する。　　　　　　　　(作例、日本語教育学)

B a. 世界の諸言語と比べて音素数の少ない日本語では、単語を弁別するのに同じ音素が何度も使われるわけで、どの言語も同じだけ単語を持っていると仮定した場合、各音素の機能効率はそれだけ高いと言える(乾 1998)。　　　　　　(音声学)

b. この見解〔最高裁判決〕を前提とすると、就労中においては、いかなる私的行為も存在しえないということになる。　　　　　　　　　　　　　　(法学【web】)

c. このように考えるならば、使用者に過度な負担を課すことなく、本人が健診を望まない項目の受診を拒否できることになり、結果としてこの点に関する健康情報収集にプライバシー侵害は生じえないことになる。　　　　　　　　(法学【web】)

本論 iv　論証型の考察

3 問題を要素に分けて検討する
Breaking down the problem into its component parts for examination

　Aでは考察の対象や問題がいくつかの要素に分けられることを示す。Bでは筆者自身がそのように分類することを強調する。

表現

A　1.　__対象__ は __要素1__ と __要素2__ (と)に [分類される／分類できる／分けられる／区分される]。

　　2.　__対象__ は __要素1__ および __要素2__ [から／より] [なる／構成される]。

　　3.　__対象__ には __要素1__ と __要素2__ がある。

B　1.　[本研究／ここ]では，__対象__ を以下のように分類する。

　　2.　__対象__ を，__分類の基準__ [によって／から]，以下のように分類する。

A　1.　_Object_ is [classified / classifiable / dividable / divided] into _factor 1_ and _factor 2_.

　　2.　_Object_ [consists of / is composed of] _factor 1_ and _factor 2_.

　　3.　_Object_ includes _factor 1_ and _factor 2_.

B　1.　[This paper / The present work] classifies _object_ as follows.

　　2.　_Object_ is classified as shown below based on _standard_.

実例

A　a.　貧困は相対的貧困と絶対的貧困の二つに分類される。相対的貧困とは各国・各人の生活水準を比較し貧困を測るものである。　　　　　　　　(レポート，経済学)

　　b.　これまでに日本語教育の中で提案されている専門文書作成を支援するための学習教材を概観してみると，大きく分けて三つのタイプがある。(日本語教育学)

　　c.　17世紀史の修正にあたって，早くから重要な役割を果たしてきた潮流には二つあった。その一方は宗教的急進派，そしてデモクラシーの研究である。……

他方は、社会経済史のうちでもとくにアラン・エヴェリット、ジョーン・サークスといった人々による地域に即した研究である。　　　　　　　　（歴史学）

B a. ここでは、留学生の友人ネットワークを、以下の三つに分類したうえで、それぞれのネットワークの機能について検討したい。　　　（作例、日本語教育学）

b. 企業が事業構造を変革するには同一事業の特化による成長と他事業への転換という二つの手段がある。そこで事業構造の変化を1992年から95年の主力事業における売り上げ変化と他事業の売り上げ変化という二つの軸から次のように分類した。
 (1) 多角的成長型：……
 (2) 主力事業特化型：……
 (3) 事業転換成功型：……
 (4) 事業転換失敗型：……　　　　　　　　　　　　　　（経営学【web】）

本論Ⅳ　論証型の考察

137

4 先行研究の議論を整理し，自分の議論に結びつける
Citing arguments from previous studies in order to develop your own discussion

先行研究の議論の要点を整理したうえで，その後の考察や議論につなぐ。（⇒序論ii 4「先行研究の知見に言及する」参照）

表現

A　1.　_先行研究_ は〜と [指摘している／述べている]。[すなわち／つまり]，_要点_ というのである。
　　2.　_先行研究_ は〜について考察している。それによれば，_要点_ という。
　　3.　_先行研究_ の論点は，[次の／以下の] ようにまとめられる。
　　4.　_先行研究_ の [説明／主張] をまとめると，[次の／以下の] ようになる。

A　1.　_Previous study_ [says / points out] 〜. Namely, it is claiming _point_.
　　2.　_Previous study_ inquires into 〜. According to it, _point_.
　　3.　Argument of _previous study_ is summarized as [follows / below].
　　4.　The [explanations / claims] of _previous study_ are summarized into [the following points / the points below].

実例

A　a.　水本・池田 (2003) は，学部留学生を対象とする調査結果から，留学生に重要なのは，日本人学生が一般社会常識として習得している常識的な語（「基礎専門語」）であると指摘する。すなわち，大学では，こうした「基礎専門語」を学生がすでに知っているものとして講義を行うが，留学生にとってはその部分はまだ理解も使用も不十分で，そのため大学での講義の理解やレポート作成に困難をきたしているというのである。　　　　　　　　　（作例，日本語教育学）

　　b.　〔中村，多田による二つの論文を詳しく紹介したうえで〕中村・多田の論考はともに，賢治の農業思想は商業に対する嫌悪感から始まっており，羅須地人協会時代の農業思想の根幹には農民自身による自給自足経済の構想があると主張する。

……。果たして賢治の農業思想は物々交換から商品経済へという直線的な変化と捉えられるだろうか。　　　　　　　（本論ⅳ 4→6）（日本文学【web】）

c. ルーマンは，社会運動に対しては現代社会での機能システムとみなして，興味深い考察をしている。以下，その概略をまとめてみよう。

（マス・コミュニケーション研究）

d. ここで他の研究者もふくめて修正主義の見解の共通項をまとめてみると，以下のようになるであろう。　　　　　　　　　　　　　　　　　　　　　（歴史学）

e. 日本人論では，主に西洋との対比において日本社会・文化の独自性が論じられ，その内容は多岐に渡る。なかでも，一九七〇年代から八〇年代にかけて頻繁に論じられた特徴を，次の三つの命題にまとめることができよう。（社会学）

f. 外国人研修生問題についての梅田の論点は，次の三つに集約できる。……このうち第三の点については，これまであまり検討がされてこなかった。　（社会学）

本論ⅳ　論証型の考察

5 他者の見解を評価する　Evaluating other opinions

他者の見解・主張に対して，肯定的に (A)，あるいは否定的に (B) 取り上げ，評価を与えたうえで，その後の議論につなぐ。

表現

A　1.　_見解_ は，〜という点で [重要である／意義がある／意味を持つ][*1]。
　　2.　_見解_ は，〜と [言える／評価できる]。
　　3.　_著者_ は〜という [有用な／興味深い／卓越した] 見解を示している。

B　1.　_見解_ は，〜という点 [が明確ではない／で不十分である]。
　　2.　_見解_ には [問題が多い／疑問がある／検討の余地がある]。
　　3.　_見解_ は，妥当とは言い難い。

A　1.　_View_ is [important / significant / meaningful] in that 〜.
　　2.　_View_ is [considered to be / appreciated as being] 〜.
　　3.　_The author_ presented a [useful / interesting / superb] view that 〜.

B　1.　_View_ [does not clarify / is not sufficient in] that 〜.
　　2.　_View_ [includes many problems / is questionable / leaves room for inquiry].
　　3.　_View_ can hardly be considered to be valid.

実例

A　a.　「文体的形式によるずらし」というカテゴリーを区別して認識することは，日本語の特徴を明らかにするうえで，また，こうした文体的特徴をもたない母語を持つ人々への日本語教育という点からも，意味のあることであると考える。

（日本語学）

　　b.　科学的知見を恣意的に取捨選択して利用している政治的・社会的・経済的背景とそのシステムについての研究を進めるべきであるとする Bache et al. の見解は傾聴に値しよう。

（国際関係論）

c. このように、「思想の自由市場」という考え方は、アメリカ社会において、第一修正のアーキテクチャーにおけるデフォルトとして意味づけられ、多様な表現活動に対する手厚い憲法的保護を支える理論的基礎として今なお機能していると評価すべきであろう。　　　　　　　　　　　　　　　　　　　　　　（法学）

B a. Vernon (1966) や Porter (1986) は……企業内部における「比較優位の創出」という側面をそれほど十分に考慮していない。つまり彼らは……反面、企業内部における整合性をいかに保ち、全体最適性を保ちながらいかに企業成長を図るかという視点を欠いているように思える。　　　　　　　　（経営学【web】）

b. 〔ルーマンの研究を紹介した後で〕もっとも、ルーマン自身は、彼の膨大な著作の中では、それらを体系的に検討し尽くしているとは言い難いし、彼自身、社会運動に対する立場が定まっているとは言い難い。　　　　（マス・コミュニケーション研究）

c. 〔古澤の解釈を認めた上で〕しかし、古澤論は農民を一つのものとして括ってしまっている為に依然としてグスコーブドリという農民という枠組みに捉えられてしまっているのではないだろうか。　　　　　　　　　　　　　　　（日本文学【web】）

注

*1 そのほかによく使われる表現として次のようなものがある。
　〔評価できる can appreciate／有効である is useful／注目に値する is worth noting／傾聴に値する deserves to be heard／卓見である is insightful〕

6 問いを立てて考察を進める
Posing a question to forward the discussion

先行研究で明らかにされたことや、論文中のそれまでの議論をもとに、新たな疑問、問題、新しい視点などを提示し、考察を進める。

表現

A　1.　〜は〜（な）の［であろうか／だろうか］。
　　2.　なぜ〜（な）の［であろうか／だろうか］。
　　3.　〜は〜と考えてよいの［であろうか／だろうか］。

A　1. Is 〜 really 〜?
　　2. Why [is it / should it be] that 〜?
　　3. [Can / Could] we safely assume that 〜 is 〜?

実例

A　a. 果たして賢治の農業思想は物々交換から商品経済へという直線的な変化と捉えられるだろうか。そして「ポラーノの広場」は理想からの後退なのだろうか。
　　　　　　　　　　　　　　　　　　　　　　　　　　　　　（日本文学【web】）

　　b. 岩手県の農業が畑から田へと変化する中で賢治の畑地における蔬菜栽培は、一見時代に逆行するように見える。なぜ賢治は商品作物を作り販売したのであろうか。そこには、大正中期以降の岩手県農業をめぐるもう一つの変化が影響していると考察される。
　　　　　　　　　　　　　　　　　　　　　　　　　　　　　（日本文学【web】）

　　c. 労働者は、使用者が収集し管理する自己情報に対して何らかの関与は可能なのだろうか。このことは、いわゆる自己情報コントロール権が労働者に認められるかという問題でもある。
　　　　　　　　　　　　　　　　　　　　　　　　　　　　　（法学【web】）

　　d. これでこの問題が完全に解決されたと考えてよいのだろうか。　　（作例）

7 比較して論を展開する
Developing a discussion by comparison/contrast

同じ範疇（グループ）の複数の物やことがらをある基準によって比較し，共通点（A）あるいは相違点（B）を明らかにする。それによって対象の性質をより明確にすることができる。（⇒本論ii 6「データが相違していることを示す」参照）

表現

A 1. ＿項目1＿と＿項目2＿は，＿比較の基準＿という点［で／が］［似ている／類似している／共通している］*1。
   2. ＿項目1＿と＿項目2＿は，共通する［特徴／要素］を持っている。
   3. ＿項目1＿と＿項目2＿は［ともに／同じように］～である。
   4. ＿項目1＿と＿項目2＿との違いは［小さい／顕著ではない］。

B 1. ＿項目1＿と＿項目2＿は＿比較の基準＿という点で［異なる／違いがある］。
   2. ＿項目1＿と＿項目2＿との［相違点／違い］は～［である／にある］。
   3. ＿対象＿は＿比較の基準＿によって異なる。

A 1. _Item 1_ and _item 2_ [are similar / resemble each other / have much in common] in _standard_.
   2. _Item 1_ and _item 2_ have some common [features / factors].
   3. _Item 1_ and _item 2_ are [both / similarily] ～.
   4. The difference between _item 1_ and _item 2_ is [small / insignificant].

B 1. _Item 1_ and _item 2_ differ in _standard_.
   2. The difference between _item 1_ and _item 2_ [is / lies in] ～.
   3. _Object_ varies according to _standard_.

実例

A a. このようにケドゥリーとゲルナーとでは学問的立場がかなり異なるが，両者ともナショナル・アイデンティティを伝播する上で国家と国家の管理する教育制度の役割を強調する点が共通している。　　　　　　　　　　　　　（社会学）

b. 愛国ないし憂国という点で，近代日本の知識人のうち近代派＝進歩派と民族派＝浪漫派とのあいだに本質的な違いはない。たしかに前者は文明の普遍的進歩を信じ，後者はこれを拒否して日本ないし「東洋」なるものの特殊性に執着した。とはいえ，どちらもともに，一九世紀後半―二〇世紀前半の圧倒的な英国・西欧を中心とする世界資本主義のシステムおよび文明にたいする，知的反応・反発のヴァリアントであった。 (歴史学)

c. コミュニケーションの仕方に明らかな性差が見られたのとは異なり，語彙の用い方の男女による違いは，日常生活に限ってみれば，さほど顕著ではない。人称や終助詞等の用法に明確な性差が生じた近代以降に比べ，当時の話しことばの男女による違いは大きくなかったと言われる。 (日本語学)

B　a. 二社のケースを比較するとその戦略には大きな違いがある。 (経営学【web】)

b. 通常企業が国際分業を模索する段階において，「比較優位への適応」と「比較優位の創出」は方向性の異なる要請であり，企業はジレンマに直面することになる。 (経営学【web】)

c. 日本語学習の場は人により様々で，どのような学習方法を選ぶかは，その人がどのような日本語を必要としているか，またどのような生活環境や学習条件の下にいるのかによって異なる。 (作例，日本語教育学)

注

*1　そのほかによく使われる表現として次のようなものが挙げられる。
　　［等しい be equal to／一致する agree with／差がない have no [difference / gap]／違いがない have no difference］

8 対比させて論を展開する　Developing a discussion by contrast

Aでは対立することがらを示し，Bでは一つのことがらにおける異なる側面について述べる。(⇒Ⅲ接続 i 9「対比」参照)

表現

A　1.　_項目1_ は 〜。[これ／それ] に対して，_項目2_ は〜。
　　2.　_項目1_ が〜のに対し，_項目2_ は〜。
　　3.　_項目1_ は 〜。[一方／他方]，_項目2_ は〜。
　　4.　_項目1_ と対照的に，_項目2_ は〜。

B　1.　_対象_ は〜だが，その反面，〜で(も)ある。
　　2.　_対象_ は〜である反面，〜で(も)ある。

A　1.　_Item 1_ is 〜. [In contrast / On the other hand], _item 2_ is 〜.
　　2.　While _item 1_ is 〜, _item 2_ is 〜.
　　3.　_Item 1_ is 〜. On the other hand, _item 2_ is 〜.
　　4.　In contrast to _item 1_, _item 2_ is 〜.

B　1.　_Object_ is 〜, but [at the same time / also] 〜.
　　2.　While _object_ is 〜, it is also 〜.

実例

A　a.　母語に有声・無声の音韻対立を持つS群は，学習の進行とともに母語からの正の転移を受けて北方方言話者以上に習得が進む。それに対して，母語にある音韻対立の習得も遅れているK群は，母語にない有声・無声の弁別能力はまったく習得が進まず，上級のほうがむしろ誤聴が多いほどで，退化さえしている。

(音声学)

　　b.　40代の女性が「ウチ」では使用せず「ソト」向けの言葉として女性文末詞をとらえているのに対し，40代の男性は「女らしくていい」「ロマンチック」と一種の

あこがれの対象としているところに，女性の意識とは大きなギャップが存在する。　　　　　　　　　　　　　　　　　　　　　　　　　　　　　　（日本語学）

c. 第三の相違点は，他者の「心」を思い知るのはほとんど女性であり，一方，自己の「心」を思い知るのは圧倒的に男性が多いことである。　　　　（日本文学）

d. 労働者の私用メールを職務専念義務違反として一切認められないとする判決がある一方で，……労働者の私用メールに一定のプライバシーを肯定する判決，社会通念上相当と認められる限度で職務専念義務に違反しないとする判決などがある。　　　　　　　　　　　　　　　　　　　　　　　　　　　　　（法学【web】）

e. しかし，彼ら自身を含め，男性登場人物一般において，そのような「身」の注視は必ずしも日常的な行為ではないようである。これは女性の登場人物一般が，しばしばその「身」を思い，繰り返し「憂き身／浮き身」を歎じているのとは対照的である。　　　　　　　　　　　　　　　　　　　　　　　　　（日本文学）

B　a. 企業としてのニュース・メディアはオーディエンスの最大化という動機付けを持っている。しかしその反面においてプロフェッショナルな集団としての社会的信用を保ち，オーディエンスにニュースが面白いだけでなく，真実を語っていると感じさせる必要がある。そのためには自律した専門家集団としての実質と外観を保ち続けることが必要である (Gitlin [1980: 259])。

（マス・コミュニケーション研究）

9 原因・結果を述べる　Stating a cause and its consequence

これまでの資料から得たデータや事実などについて，Aではある問題の原因を推測する。Bではある問題からどんな結果や影響が生じたか（または生じるか）を述べる。(⇒原因・結果の接続表現についてはⅢ接続 i 10「結果提示」参照)

表現

A　1. 〜の[原因／理由]として，〜が[挙げられる／考えられる]。
　　2. _結果_ は， _原因_ に[よるものである／起因している]と[考えられる／推測される]。
　　3. _結果_ は， _原因_ (の)ためであると[考えられる／推測される]。

B　1. _原因_ は， _結果_ を[もたらす／引き起こす][と予想される／可能性がある]。

A　1. As the [cause / reason] for 〜, 〜 can be [mentioned / thought].
　　2. _Consequence_ is [thought / inferred] to [be caused by / result from] _cause_.
　　3. _Consequence_ is [thought / inferred] to be the results of _cause_.

B　1. It is [predicted / possible] that _cause_ will [bring about / cause] _consequence_.

実例

A　a. 先進諸外国と比べると，わが国の労働者のプライバシー保護は非常に立ち遅れているといってよい。その原因として，わが国の共同体的な職場環境そのものと，……などの法令が，むしろ労働者のプライバシー保護の発展を阻んできたことがあげられる。
　　　　　　　　　　　　　　　　　　　　　　　　　　　　　　　　(法学【web】)

　　b. 〔1981年の南北サミットで〕会議は難航し，結局，包括交渉の合意は達成されなかった。その原因としては，天然資源の有無によって途上国の立場が対立し一致出来なかったことと，先進国が経済協力に消極的であったことが考えられ

る。 (レポート，経済学)

c. 〔外国人よりも日本人のほうが犯罪率が増加している。〕そのような犯罪状況に対して，外国人の場合とは異なり，日本人の人権を制限する発想が起こらない理由を考えると，それは日常での接触経験によるものと推察できる。 (社会学【web】)

d. 1990年代における日本の製造業の空洞化は，東アジアへの現地生産展開の結果として生じるというだけでなく，実質的には技術基盤や新規事業展開を行う能力の脆弱化，国際分業を誘導する戦略的意思決定の欠如などに帰せられるべきものである。 (経営学【web】)

B a. 日本における少子高齢化の進行は，国内における外国人の就労人口の大幅な増加をもたらすと予想される。 (作例，社会学)

b. 製品サイクル理論を規範とする多国籍企業のオフショア生産は産業空洞化を引き起こすに至った。 (経営学【web】)

c. 当初，日本人と外国人のコミュニケーション，異文化間理解の障害の除去を目的とした運動は，日本の特異性に対する意識を過度に活性化したため，文化ナショナリズムという新たな障害を創り，促進するという意図せぬ結果をもたらした。
(社会学)

10 根拠に基づいて判断や主張を述べる
Expressing a judgment and/or an assertion based on a piece of evidence

既成の理論，調査結果，先行研究などを根拠に挙げて自分の判断や主張を述べる。

表現

A 1. ＿根拠＿。このこと[から／より]〜と[言える／考えられる／推察できる]。
 2. ＿根拠＿[から判断すれば／に基づけば]，〜である。
 3. ＿根拠＿[に示されている／が論じている]ように，〜と言える。

A 1. _Evidence_ . From it, we can [say / think / infer] that 〜.
 2. [Based on / Judging from] _evidence_ , it is 〜.
 3. As _evidence_ [reveals / demonstrates], it is safely said that 〜.

実例

A a. ここでも賢治は冷害に強い反面多くの金肥（購入肥料）を必要とする陸羽一三二号を推奨していた。このことから，賢治の農業思想には金肥を多量に投下して生産量を上げるという，肥料の近代化の思想が存在していたということができる。　　　　　　　　　　　　　　　　　（日本文学【web】）

 b. ここまで述べたような現代の政治状況の趨勢から判断すれば，社会運動はマスメディアと等価的機能を持って社会に存在しており，そのコンテクストのなかでの「オルタナティブ・メディア」の位置，そしてそれが社会でもつ意義は，高まりこそすれ，衰退することはなかろう。　（マス・コミュニケーション研究）

 c. 眞嶋・宇野(1994)が論じているように，住宅供給では世帯を成長という変化の相で捉えることが重要である。　　　　　　　　　　　　　　（建築学【web】）

11 問題点や反論を受け止めたうえで主張を述べる
Countering arguments

Aでは自説への批判や反論(の可能性)を提示し、それに対する自分の見解や主張を示す。Bではある見解を部分的に認めたうえで、自説を展開する。

表現

A 1. ＿筆者の見解＿については、〜という [疑問／反論／批判] がある(だろう)。しかし、＿主張＿。
  2. ＿対象＿については、さまざまな [評価／解釈] が可能である。しかし、いずれにせよ、＿主張＿。

B 1. 確かに、〜という問題がある。しかし、＿主張＿。
  2. 確かに、〜が指摘するように、〜という面も [ある／否定できない]。しかし、＿主張＿。
  3. 確かに、〜ということは [否定できない／認めざるをえない]。しかし、それはここでの主要な問題ではない。

A 1. [Question / Objection / Criticism] that 〜 might be raised to _our argument_ . However, _our opinion_ .
  2. It is possible to give various [evaluation / interpretation] of _object_ . But anyhow, _our opinion_ .

B 1. Indeed we have the problem that 〜. But _our opinion_ .
  2. Indeed we cannot [help but admit / deny] that 〜 as 〜 argues, but _our opinion_ .
  3. Indeed it [cannot be denied / must be recognized] that 〜, but it is of little relevance to our present discussion.

実例

A a. 診療ガイドラインにより画一的な医療が行われるのではないかという批判はある。しかし、ガイドラインは絶対的な治療方針を示すものではない。患者にはそれぞれ特有の臨床状況や価値観がある。そこでは、やはり患者1人ひとりの

病気の回復，そして生活の質の向上のために，医師が果たす役割はいまだ大きいのである。　　　　　　　　　　　　　　　　　　　　　　　　　　　（医学）

B　a. 確かに，如何なる社会でも異なる背景を持った人が増加した場合，不安や摩擦は当然生じる。しかし，現状のまま推移するだけでは国，地元住民，外国人，それぞれに良い結果を生むことはないであろうし，対外国人意識が自然発生的に改善しないことは，上記の事例や，移民・異人種間の混住経験の長い欧米でも未だに問題を解決できていないことからも推察できる。　　　　　（社会学【web】）

　b. 確かに，こうした国家主導型あるいは「フォーマルな」ナショナリズムの視点がそれ自体重要なのは言うまでもないが，それとは別の，国家と言うよりはむしろ市場（文化市場）を中心に展開する「インフォーマル」なナショナリズムの存在も，現代において無視できないと言えるのではないだろうか。　　　（社会学）

12 これまでの考察の要点を整理する
Summing up the discussions so far

考察の過程で,あるいは結論に進む前の段階で,要点を整理する。論文によっては,この部分が論文全体の結論になる場合もある。

表現

A　1. 以上の [こと／分析／議論] から,＿まとめ＿ と言える*1。
　　2. 以上の [こと／分析／議論] から,次のように結論づけられる。
　　3. 以上から言えることは,＿まとめ＿ ということである。
　　4. [このように／ここまで見てきたように],＿まとめ＿ と言える。
　　5. このように [考えるならば／見てくると],＿まとめ＿ と言える。

A　1. From the above [analysis / discussion], we can say that _summary_ .
　　2. The above [analysis / discussion] leads us to conclude as follows.
　　3. From the above discussion, it follows that _summary_ .
　　4. [Thus / As we have observed so far], we can think that _summary_ .
　　5. From the above [discussion / observation], it follows that _summary_ .

実例

A　a. 以上から,「グスコーブドリの伝記」には,冷害に弱いオリザ(稲)という単一の作物を作る農民から,作物に多様性を持ち冷害にも強い野原の農民へという農民の変化の物語が描かれているということができる。　　　　　　（日本文学【web】）

　　b. 以上の現代社会の公共圏,および民主主義の分析から引き出される結論として,今日的「オルターナティブ・メディア」は,たんにマスメディアに変わる,あるいはそれを補うコミュニケーション回路として把握するのではなく,現代社会における自律した市民の政治活動と意見形成を社会的に担保するメディアである,という積極的な評価を与えることができよう。

（マス・コミュニケーション研究）

c. これらのことから，広場恐怖を伴うパニックには，「失敗に対する不安」と「行動的積極性」が深く関わっていると考えることができ，本研究で得られた結果は広場恐怖を伴うパニック障害患者のGSESの特徴を表すものであると思われる。

(医学)

d. このように最近では，プライバシーに係る情報として法的保護の対象となる個人情報の範囲が，相当程度広く捉えられるようになってきたと指摘することができる。

(社会学【web】)

e. ここまで見てきたように，食品輸出企業の再編は急速に進展し，今後は，大規模企業が中心となって農産物輸出を担当する情勢になるものと思われる。

(農業経済学)

注

*1 「言える」「言えるだろう」「言えよう」「考えられる」などの断定の程度の違いを表す表現については，コラム14「断定を弱める文末表現を使い分ける」を参照。

[コラム14] 断定を弱める文末表現を使い分ける
Modifying assertions

　論文やレポートでは，書き手の推論や予想を示すことが多い。とはいえ，正確な表現が求められるため，事実として確認されていないことを「〜である」と断定することはできない。そこで，判断や認識の仕方を表す「思われる，考えられる，言える，みなせる」などの文末表現を使い分ける必要が出てくる。

　A modified assertion such as the writer's inference and estimation is expressed by one of the various sentence ending expressions including "思われる，考えられる，言える，みなせる" and so forth to present the non-factual status of the statement and the extent of certainty.

1　断定を弱める表現

①「〜であろう」
たぶんそうなるだろうという予想や，過去や現在そうなっただろうという推量を表すときに用いる。予想を信じる度合いは，「かもしれない」＜「であろう」＜「である」の順に断定度が強くなる。

②「〜まい」
「〜ないだろう」という否定の推量を表す。
　　例：あるまい，変わるまい，ありえまい，実現されまい，継続すまい

2　思考の動詞を使った表現

①「〜と考えられる」
書き手が主観的にそう思うのではなく，誰が考えてもそう考えるのが当然・自然であるという意味を含む。そのため，客観性を重んじる論文において頻繁に使われる。「推量内容＋と／ものと＋考えられる」が用いられる。他に，「〜と予想される／推測される」なども使われる。
　　例：☺ この結果は，気候の急激な変化のため生じたと考えられる。
　　　　☺ この結果は，気候の急激な変化のため生じたものと考えられる。
　　　　☹ この結果は，気候の急激な変化のため生じたことと考えられる。

自分の意志や願望に「思われる，考えられる」は用いない。
　　例：☹ 私は将来帰国して研究を続けたいと思われる／考えられる。

②「〜と考える」
誰もがそう考えるのが当然な推量ではなく，筆者があえて一つの主張を行う際に，「〜と考える」が論文にも用いられることがある。
　　例：☺ この問題に対して一刻も早い対応が必要であると考える。

③「〜と思われる」
「〜と思われる」は，「〜と考えられる」と同様に，誰が考えてもそう考えるのが当然・自然であるという意味で論文によく使われる。「〜と思う」は，書き手の主観的な心の働きの結果を表すため，作文では多く用いられるが，論文ではほとんど用いられない。
　　例：☺ この現象は，気候の急激な変化のため生じたと思われる。
　　　　☺ 多くの留学生が，帰国後も研究を続けたいと希望しているものと思われる。希望を実現させる体制作りが必要と言える。
　　　　☹ この現象は，気候の急激な変化のため生じたと思う。

研究計画書や奨学金の申請書などには，自分の意志を示す以下のような表現もありうる。
　　例：☺ 私は将来帰国して研究を続けたいと思う。

3　判断を表す「〜と言える」「〜とみなせる」などの表現
「〜と言ってもよい，〜と表現／評価してもまちがいではない」かどうかについての書き手の判断を示す。（「＜」の右の言い方のほうが，断定度が強くなる）
　　例：肯定　〜と　言えるのではないか＜言えるであろう／言えよう＜言うことができる／言える
　　　　否定　〜とは　言えまい＜言いがたい＜言えない
　　例：肯定　〜と　みなせるのではないか＜みなせるであろう＜みなすことができる

コラム14　断定を弱める文末表現を使い分ける

155

　　　　　＜みなせる
　　否定　〜とは　みなしがたい＜みなせない

「〜と言える／みなせる」は書き手の判断を示すので，単なる予想や推量には適さない。
　例：☹ 7月の気温は30℃を大幅に超えると言える。
　　　☺ 7月の気温は30℃を大幅に超えると考えられる。
　　　☺ 総収入が増加していることから，A村の改革は基本的には成功したと言えよう。
　　　☺ B氏はA村の改革の実質的なリーダーであったとみなせる。

否定形も用いられる。
　例：☺ 隣接地域の資料からは，A村の改革が当時の地域行政に大きな影響を与えたとは言えない／言いがたい。

結論 i 結論の提示と研究結果の評価
Presenting a conclusion and evaluating the research results

結論では，論文全体の分析と考察を振り返ってわかったことをまとめるほかに，結果から示唆されることや解釈可能なことにふれ，結果全体を評価する。また，今回の研究では解明できなかったことに言及し，今後の研究の方向性を示すこともある。

In the conclusion, the analyses and discussions are summarized, and any implications or possible interpretations are presented along with an overall evaluation of the study. Unanswered questions may be mentioned to indicate the direction of a future inquiry.

1 研究行動を振り返る
Restating the research subject and purpose

結論部分の冒頭では，Aのように論文全体で何を行ったか，あるいは，Bのように研究が何を目的として行われたかを振り返ってまとめることが多い。

表現

A 1. [以上／本研究]では，___研究課題___ [を／について／に関して][検討／考察][した／してきた]。

2. [以上／本研究では]，___研究課題___ [を／について／に関して]～の[観点／側面]から[検討／考察]を[行った／進めてきた]。

B 1. 本研究は，___研究課題___ [を／について／に関して][明らかに／解明／検証／比較検討]することが目的であった。

2. 本研究は，___研究課題___ を明らかにすることを目的として行われた。

A 1. Thus, we [examined / considered] ___research topic___ .

2. Thus, we have [examined / considered] ___research topic___ from the [viewpoint / aspect] of ～.

B 1. The purpose of this research was to [make it clear / clarify / examine /compare] ___research topic___ .

2. This research was undertaken in order to clarify ___research topic___ .

> **実 例**

A a. 以上,『源氏物語』における男女のことばづかいの違いを,コミュニケーションの仕方と語彙の用い方の二つの側面から検討した。　　　　　（日本語学）

　b. 以上,多雪地方と南海地方の持家の間にある住戸規模の地方差とその背景を検討してきた。まず,住宅に対する満足度に関して検討した結果は,次の2点にまとめられる。　　　　　　　　　　　（結論 i 1→2）（建築学【web】）

　c. 廃棄物の新しい分離方法として,湿式磁力選別における液体の磁化率を適切に調整することで,焼却灰中のTiおよびCr化合物を非磁着物として回収するという方法に関して検討を行った。基礎試験として,試薬を用いてFeとTi化合物あるいはFeとCr化合物を分離する実験を行った後,実際の焼却灰に適用した。以下に結果を要約する。　　　　　（結論 i 1→2）（環境資源学【web】）

B a. 本研究は,弱い回転刺激による加速度脈波の応答と強い回転刺激による体調悪化との関係を若年者と中年者について比較検討することが目的であった。
　　　　　　　　　　　　　　　　　　　　　　　（健康スポーツ科学）

　b. 本研究は,留学生と日本語母語話者の小論文を比較し,両者の論旨展開の違いを明らかにすることを目的として行われた。　　　　（作例,日本語教育学）

II レポート・論文の表現

2 研究結果をまとめる Summarizing the research results

その研究で何がわかったかは，本論部分で示されるが，結論部分でも，Aのような形でもう一度まとめられることが多い。Bは結果を要約して示す表現である。

表現

A 1. 本研究では，___結果___ を［示した／解明した／明らかにした］。
   2. ___研究行動___ した［結果／ところ］，___研究対象___ において ___結果___ [*1] が［見られた／観察された］。

B 1. ___研究課題___ について ___研究行動___ した［結果／ところ］，以下の～点が明らかになった。
   2. 結果は以下の通りである。
   3. 以下に結果を要約する。

A 1. This study [revealed / clarified / demonstrated] ___results___.
   2. As a result of ___research action___, we were able to observe ___results___ in ___research object___.

B 1. We took ___research action___ on ___research topic___ to demonstrate the following ～ points:
   2. The results are the following.
   3. We summarize the results below.

実例

A a. **本稿では**ジェンダー標示形式が話者のジェンダーによって自動的に選択され使用されるのではなく，意図的に選択されて，いろいろな効果を上げている**ことを観察した**。また，必ずしも話者のジェンダーと一致した使用例ばかりではない**ことも示した**。
（日本語学）

b. 使用語彙についても，実際には，女性のことばづかいに漢語使用の禁忌による制約があることが明らかになった。
（日本語学）

B a. 本研究は，弱い回転刺激による加速度脈波の応答と強い回転刺激による体調悪化との関係を若年者と中年者について比較検討することが目的であった。その結果は以下の通りである。強い回転刺激による体調悪化群で，弱い回転刺激の回復期に血圧上昇，加速度脈波のb/aの上昇とd/aの低下が見られ，その回復も遅かった。したがって，弱い回転刺激による加速度脈波を中心とした循環応答を観察することで，強い回転刺激での体調悪化を予測できる可能性があると考えられる。　　　　　　　　（結論 i 1→2→4）（健康スポーツ科学）

b. 両者を比較したところ，以下の4つの相違点が明らかになった。　　（作例）

注

*1　測定結果を示す際によく使われることばとして，以下のようなものがある。
　　〜の［上昇 rise／低下 fall／増加 increase／減少 decrease］

3 研究結果から結論を提示する
Presenting a conclusion from the results

Aは結果から結論を提示する。Bは推論として結論を提示するものである。

表現

A 1. 本研究では，＿結論＿を [示した／解明した／明らかにした／検証した／立証した]。
  2. ＿結果＿から，＿結論＿が [示された／解明された／明らかになった／検証された／立証された]。
  3. ＿結果＿は，＿解釈＿[とみなせる／といえる]。

B 1. ＿結果＿は，＿解釈＿を [示している／示唆している／うかがわせる]。
  2. ＿結果＿から，＿解釈＿が [うかがえる／示唆される]。
  3. ＿結果＿から，＿解釈＿(の) 可能性が示唆された。
  4. ＿結果＿は，＿解釈＿(という) ことを [意味している／物語っている][*1]。

A 1. This study [revealed / clarified / demonstrated / verified / proved] _conclusion_ .
  2. In this study, _conclusion_ were [revealed / clarified / demonstrated / verified / proved] from _results_ .
  3. _Results_ are [regarded as / said to mean] _interpretation_ .

B 1. _Results_ [indicate / suggest / imply] _interpretation_ .
  2. From _results_ , _interpretation_ is [implied / suggested].
  3. _Results_ indicated a possibility of _interpretation_ .
  4. _Results_ [mean / tell] us that _interpretation_ .

実例

A a. 以上から，第2章に示した「音声言語理解に関与する要因の仮説モデル」が立証され，次の点が指摘される。
(音声学)

b. 本研究では,母語に有声・無声破裂音の対立を持たない北京方言話者と同対立を持つ上海語話者の比較調査を通して,破裂音の知覚の混同が談話の意味理解に強く影響していることを検証し,日本語の音声言語で生起頻度の高い無声破裂音 [t][k] の知覚の混同が談話の意味理解を阻む一大要因になっていることを示した。また,本調査を通して,L2の音韻知覚における困難度に関し,次の点を確認した。
① ……。② ……。　　　　　　　　　　　　　　(結論ⅰ1→2)(音声学)

c. 「商品の販売」が肯定される「ポラーノの広場」は理想からの「後退」ではなくこの構想が作品として前面に押し出されたものと言える。　(日本文学【web】)

B a. 本稿で取り上げた仏教漢語の使用状況は,特に高い階級で漢語使用に関するジェンダー規制がはたらいていることを示唆している。　　　　　(日本語学)

b. しかし逆にこのことは,技術基盤や能力という点で深刻な問題を抱え,適切な企業戦略を打ち出すことができない企業にとっては,国際的な環境変化への不適合から空洞化に直面せざるをえないということも示唆している。(経営学【web】)

c. これらの結果から,学習歴が学習ストラテジーの選択に影響している可能性が示唆された。　　　　　　　　　　　　　　　　　　　　　(作例,教育学)

d. この事例は明らかに,従来の排他的な伝統的国家間交渉とは異質な,グローバル化・ネットワーク化した社会における新たな開放的・包括的な意思形成システムの出現をうかがわせる。　　　　　　　　　　　　　　　(国際関係論)

e. いうまでもなく,挙家での農村からの出稼ぎは,事実上の都市への移住を意味しており,こうした農村での人口圧力が都市への大きな人口圧力と変化しつつあることを示しているといえよう。　　　　　　　　　　　　　(農業経済学)

注

*1 「意味している/物語っている」は,主として人文・社会科学系の分野で使われる。

4 研究結果を評価する　Evaluating the research results

研究の評価においては，Aのように結果のプラスの影響を述べたり，Bのように方法や結果の応用可能性を示したりする。また，Cのように結果の限界を示すことによって，結果がある範囲で通用することを強調したり，今後の可能性を示唆したりする。

表現

A　1.　__結果__ は～と評価できる。
　　2.　__結果__ は __観点__ という点で [重要な／貴重な／有意義な] ものであるといえる。

B　1.　__結果／方法__ は～に [応用／適用] できるものと期待される。
　　2.　__結果／方法__ を～に応用することで __問題__ を解決できる可能性がある。

C　1.　これらは (あくまでも)(ごく) [限られた／一部の／特殊な] 事例 [である／にすぎない]。

A　1.　_Results_ can be evaluated to be ～.
　　2.　_Results_ are considered to be [important / valuable / significant] in the _viewpoint_ .

B　1.　_Results / methods_ are expected to be applied to ～.
　　2.　If we apply _results / methods_ to ～, we may be able to reach a solution for _problem_ .

C　1.　These [are / are no more than] [limited / partial / exceptional] cases.

実例

A　a.　これは，現在の中国の農業生産構造を根本から変える大きな原動力の一つであると評価できる。　　　　　　　　　　　　　　　　　　　　　　(農業経済学)

　　b.　カテゴリーを区別して認識することは，日本語の特徴をより明確にする上で，ま

た，こうした文体的特徴を持たない母語を持つ人々への日本語教育という面からも，意味のあることであると考える。 (日本語学)

B a. 回転刺激による加速度脈波等の循環応答の検査は，動揺病のスクリーニングテストやトレーニング効果などの研究にも応用できる可能性があり，その検討も今後必要と考えられる。　　　(結論 i 4 → ii 3) (健康スポーツ科学)

 b. 問題解決には，より多くの遺伝子の機能解明が重要であるのは言うまでもないが，他属の有胞子菌への研究の展開は，問題解決を早める未知の遺伝子の発見をもたらし，形態分化のみならず二次代謝における研究の発展に大いに貢献するものと期待される。　　　(結論 ii 3 → i 4) (農芸化学)

C a. 基礎試験の結果を踏まえ，実際の焼却灰に超電導高勾配磁力選別を適用したところ，TiO_2 品位向上に効果があることがわかったが，磁力選別による Ti 濃縮効果は小さく，実際の焼却灰への適用について課題は多いので，今後更なる検討が必要である。　　　(結論 i 2 → i 4 → ii 3) (環境資源学【web】)

 b. 本稿で紹介した実践は，あくまでも限られた条件下での事例であり，より広い範囲に応用するには，さらなる検討が必要であろう。とはいえ，本実践の結果は上述したような手法が一定の効果をあげうることの証拠として評価できよう。

(作例，教育学)

結論 ii 今後の課題の提示　Stating what awaits future efforts

論文の最後に、今後の状況を示して、社会的な提言や警告を行うことがある。また、その論文では解明しきれなかった課題を示し、自分自身の研究の方向性を述べることもある。

At the end of the paper, the future situation may be predicted in order to put forth a proposal or deliver a warning of a social nature. Also, remaining problems may be mentioned in order to set a course for the author's future investigations.

1　今後の状況の予測を示す
Making a prediction based on the results

社会問題などを扱う論文では、その論文中の研究結果をもとに、Aのように今後の状況の予想を示したり、Bのように事態の深刻化を予想して注意を喚起したりすることがある。

表現

A　1.　今後、＿状況＿と予想される。
　　2.　こうしたことから、〜の [可能性／危険性] が [高い／ある／否定できない／無視できない]。
　　3.　＿状況＿は [いっそう／さらに] 深刻さを増し[*1]つつある。

B　1.　＿状況＿の改善[*2]がない限り、＿問題＿はさらに深刻化するものと考えられる。
　　2.　＿行動＿しなければ、〜することは [難しい／困難である]。
　　3.　＿行動＿しなければ、[損失を被る／被害が拡大する／状況が悪化する／コストが増大する] ことになる。

A　1.　*Situation* could be expected hereafter.
　　2.　These indicate that a [possible / risky] 〜 [is quite likely / is existent / is not to be denied / cannot be ignored].

3. _Situation_ is becoming [more and more / increasingly] serious.

B 1. Unless an improvement of _situation_ happens, _problem_ is considered to become more serious.
2. Without taking _action_, it would be [hard / difficult] to do 〜.
3. Without taking _action_, [damage / increased damage / a maginification of the problem / an increase in cost] will be invevitable.

実例

A a. こうしたことから，……沿海の都市地域の急速な経済発展とは対照的に，農村問題とその都市への影響が今後いっそうその深刻さを増すものと予想される。

(農業経済学)

B a. 抜本的な雇用創出策の早急な実施がない限り，若年労働者の失業問題はさらに深刻化するものと考えられる。 (作例，社会学)

b. 国と地方が連帯して一定の交流量や公正な知識の周知を担保しなければ，……今後の多文化共生社会形成へ逆行する思考の広がりを止めることは難しい。……全国規模の施策という観点から異文化理解に対し政策論議を早急に行い，現状を変革しなければ，意識の悪化は進行し，解決までにはいっそうのコストを伴い，国として多大な損失を被るとの危機意識を日本全体が持つ時期に来ているのではないだろうか。 (社会学【web】)

注

*1 「深刻さを増す」以外に，以下のような表現がよく使われる。
[厳しさ hardness／激しさ bitterness] を増す

*2 「改善」以外に，以下のような表現がよく使われる。
[変化 a change／好転 an upturn／進展 progress]

2 研究成果をもとに提言や指針を示す
Presenting a proposal/guideline based on the results

社会問題などを扱う論文では，Aのように求められていることを示したり，Bのように次の行動の必要性を指摘したり，Cのように問題の再考を提言したりする。

表現

A 1. 〜における＿対象＿の改善*1 が求められている*2。
　 2. 〜における＿解決行動＿の一刻も早い実施が求められている。

B 1. 〜に［おいて／ついて］＿問題＿を＿解決行動＿［しなければ／せねば］ならない。
　 2. 〜に［おいて／ついて］＿問題＿を＿解決行動＿すべきである。

C 1. 従来の＿対象＿を［再検討する／再考する／捉えなおす］必要があるだろう。
　 2. 〜は＿対象＿の［再考／再検討］を促す（であろう）。

A 1. An improvement of _object_ in 〜 is sought after.
　 2. An implementation of _action for solution_ in 〜 is most urgent.

B 1. We [must / need to] take _action for solution_ to _problem_ in 〜.
　 2. We ought to take _action for solution_ to _problem_ in the 〜.

C 1. We would need to [reexamine / think over / reconsider] the conventional _object_.
　 2. 〜 will lead to [reconsideration / reexamination] of _object_.

実例

A a. まず，農村における職業訓練システムの充実が望まれる。このほか，流出農村労働力が依然として地縁・血縁によるネットワークによって就業しているという状況も改善する必要があるだろう。就業情報を提供する組織の整備が求められている。

(農業経済学)

b. そして，職務専念義務については，職務遂行に支障のない一定程度の私的行為を認めた上で実態に即した内容のものにすることこそが，情報化社会における労働関係において不可欠であるということができる。 （法学【web】）

B a. 国際的な資源配分パターンが形成される過程においては，そうした合理性に基づいて，多国籍企業の「見える手」による調整がなされるべきなのである。
（経営学【web】）

b. 監視の実施について使用者は，労働組合などとも協議し，労働者にその詳細な情報提供を事前になすべきである。 （法学【web】）

C a. ここで示されるモリルの議論は，近世ヨーロッパの絶対王制という概念を再考することをうながすであろう。また，このようなヨーロッパの主権国家システムを，宗教戦争や三〇年戦争，そして植民地戦争，かつての「17世紀の危機」といった脈絡で考え直す契機にもなろう。 （歴史学）

b. 国益の実現を最優先とし，国家以外のアクターを排した国家間のパワーゲームを基本とする従来の枠組みが，こうした問題解決にふさわしい場であるかどうか再検討されねばならないだろう。こうした中，……幅広い意見や合意を政策立案に取り入れようとするECの試みを今後も注視していきたい。

（結論ⅱ 2 → 3）（国際関係論）

注

*1 提言内容としてよく使われる表現には，以下のようなものがある。
［充実 fulfillment／確立 establishment／拡充 expansion／普及 promotion／整備 full service; maintenance／実施 implementation／再検討 reexamination／再考 reconsideration／再建 reconstruction／立て直し reorganization］

*2 提言とともによく使われる文末表現には，以下のようなものがある。
〜が［望まれる to be desired／期待される to be expected／またれる to be awaited／必要である to be needed／不可欠である to be indispensable／緊急の課題である to be urgent／焦眉の急である to be most urgent］

3 残された課題と今後の方向性を示す
Stating the remaining problems and the direction of a future research

今回解決できなかったことをAのように示す。Bはこれからの研究についての意向を示す表現である。

表現

A 1. 本稿では＿課題＿については[言及する／取り上げる／解明する]ことができなかった。
   2. 今後の課題は〜である。
   3. 〜が今後の課題[である／として残されている]。
   4. 今後の課題として〜が[ある／残されている]。
   5. ＿課題＿については，〜の面からも＿研究行動＿を行っていく必要がある。

B 1. ＿課題＿についての考察は，[別稿／他の機会]に譲りたい。
   2. ＿課題＿についての考察は，稿を改めて行いたい。
   3. 今後も＿課題＿について注目していきたい。
   4. 今後は＿課題＿にも研究を拡大し，さらなる検証を重ねたい。

A 1. The present work failed to [discuss / reference / find a solution to] _research topic_ .
   2. The matter for a future inquiry is 〜.
   3. 〜 [is a matter for / remains for] a future inquiry.
   4. For a future inquiry [remains / is left] 〜.
   5. For _research topic_ , _research action_ must be taken from a viewpoint of 〜.

B 1. _Research topic_ should be discussed [in another paper / on another occasion].
   2. We will postpone discussion on _research topic_ until our next paper.
   3. I will keep a cautious eye upon _research topic_ from now.
   4. I will expand the scope of my study to include _research topic_ and make further investigations.

実 例

A a. ……について，能力を習得した要因については解明できていない。……学習環境，語学教育方法等，聴解力の向上に母語の負の転移以上に強く影響する言語外的要因を探求することが，今後の大きな課題として残される。

(音声学)

b. 今回の結果からはティラピアが近赤外光を視覚情報として感知し，向壁反射を示したとは明言できない。今後は完全な暗視野のもとでティラピアにおける視覚入力を阻害し，視覚以外の向壁反射についても再検討する必要がある。　(水産学)

c. ジェンダー標示表現の使用については，数量的観点からだけではなく，質的な面の分析も行って，その表現手段としての可能性の広がりにも目を向けていく必要がある。

(日本語学)

d. 最後に今後の課題として外部性の問題を指摘しておく。本論は分析単位を企業として電子機械産業の国際分業と構造変化を定量的に分析してきた。しかしそうした分析手法では十分に捉えきれない二つの問題がある。……産業集積の外部性にどのような変化が生じつつあるのかという点については産業空洞化との関係で別途議論が必要であろう。　　　(結論ii 3 → i 1 → ii 3) (経営学【web】)

B a. 本稿では，『源氏物語』に見られるジェンダー意識を，……女性のあるべき様についての論評をとりあげて考察した。そのあるべき様にしたがって生きた女君たちの心中の思いについては触れることができなかったが，それについての考察は他の機会に譲ることとしたい。　　　　　(結論 i 1 → ii 3) (日本語学)

b. また，テレビのコマーシャルや外国ドラマの吹き替え，字幕などは，依然として女性言葉で溢れている。今後は，それらの分野にも研究を拡大しメディアにおける女性言葉使用の変化に注目し続け，今回の研究結果を検証したい。(日本語学)

結論ii　今後の課題の提示

[コラム15] 謝辞の書き方
How to write acknowledgements

論文では，研究の遂行や論文執筆に際して恩恵を受けた人物や機関に対して，「謝辞」として感謝の言葉を記すことがある。「謝辞」は一般に，本文の後，「注」（後注）や「文献」の前に置かれる。また，感謝の言葉は必要ないが研究の経過や資金について記したいときは，「付記」として同じ位置に記載する。

You may want to include an "acknowledgements" section in your paper to express your gratitude to those people and institutions that supported you in conducting research and/or writing the paper. "Acknowledgements" are generally put after the body of the paper, but prior to the endnotes and references (bibliography). If you wish to add a mention about the process of your research or the source of the funding without giving any particular word of thanks, you should put an "additional remarks" section in the same location where the "acknowledgements" would have appeared.

1 謝辞の表現

「謝辞」においては，論文の本文では使われない「です／ます体」が用いられる場合がある。また，次のような表現がよく使われる。

例：〜に［ご協力／ご助言／ご指導］を［いただいた／賜った］
　　感謝する，謝意を表する，御礼申し上げる

2 謝辞・付記の実例

例1および例2は「謝辞」，例3は「付記」の例である。

例1：本研究を行うにあたり，精神的な苦痛を伴う本実験の被験者として快く協力して下さった本学職員の皆様方と，学生の方々に深くお礼申し上げます。　　　　　　　　　　　　　　　　　　　　　　　　（健康スポーツ科学）

例2：調査では大連外国語学院の陳岩先生をはじめとする多くの先生方，学生の皆様にお世話になった。また，統計分析では三和化学研究所の杉本典夫氏にご指導いただいた。心より感謝の意を表したい。　　　　　　　　（音声学）

例3：本研究は平成19年度科学研究費補助金基盤研究(C)「日本語教員と理系教員との協働による論文作成支援リソースの開発と評価」（課題番号19520457 研究代表者村岡貴子）による。　　　　　　　（日本語教育学）

III
レポート・論文の接続表現
Connective expressions in the reports/papers

　IIIには、レポート・論文に共通して使われる接続表現が挙げてあります。接続表現を適切に使うことによって、語句や文の論理的な関係を明確に示すことができます。

　Part III demonstrates connective expressions used in reports/papers in various fields. Connective expressions, if appropriately used, greatly help to clarify the logical relations between words/phrases and between sentences.

接続 i 研究内容の記述に用いる接続表現
Connective expressions for presenting contents of research

接続 i では、レポート・論文で研究内容を記述する時に用いられる接続表現をとりあげる。以下の表に、ここでとりあげる接続表現をまとめて示す。太字で記した表現は特に重要なものである。主に人文・社会科学分野で用いられる表現に * を付ける。語句・節・文のどのレベルで表現が用いられるかを○印で示す。

The chapter i presents some connective expressions used for describing contents of research, which are listed in the table below. Those in block letters are of more importance. Those with an * are used mainly in the humanities and social sciences. A circle in the table indicates the grammatical level for which the expression in question should be used; i.e. for connecting phrases, clauses, or sentences.

接続表現の一覧 (1)

番号	種別	機能	接続表現	語句	節	文
1	並列 Apposition	A. 複数の物事を並べて示す	および	○		
			ならびに	○		
		B. 複数の要素を併せ持つことを示す	かつ	○	○	
2	選択 Selection	A. 選択肢を示す	もしくは	○		
			または	○	○	○
			あるいは	○	○	○
			それとも*		○	○
3	焦点化 Focusing	A. 多くの中から特別にとりあげる	特に	○	○	○
			とりわけ	○	○	○
			なかでも	○	○	○
			ことに	○	○	○
4	累加 Addition	A. 一つの物事について情報を追加する	そして	○	○	○
		B. 情報の追加により論を強調する	しかも		○	○
			そのうえ		○	○
		C. 他にも存在することを示す	〜だけでなく	○	○	
			〜ばかりでなく	○	○	
			〜のみならず	○	○	○

番号	種別	機能	接続表現	接続レベル 語句	接続レベル 節	接続レベル 文
5	換言 Paraphrasing	A.別の表現で言い換える	言い換えれば	○	○	○
			換言すれば	○	○	○
		B.より具体的に言い換える	すなわち	○	○	○
		C.簡潔にまとめて言い換える	つまり	○	○	○
		D.それまでの論述を概括する	要するに*			○
6	例示 Illustration	A.例を示す	たとえば			○
		B.実例を挙げて論を補強する	実際*			○
			事実*			○
7	補足 Qualification	A.前述したことに条件を付ける	ただし			○
			もっとも*			○
		B.注記する	なお			○
			ここで			○
		C.関連情報を付け加える	ちなみに*			○
8	反対陳述 Contradiction	A.相反することを述べる	しかし			○
			しかしながら			○
			だが*			○
			～が		○	
			～ものの		○	
			～とはいえ*	○	○	○
		B.本来矛盾することの両立を示す	～のに		○	
			～にもかかわらず		○	○
		C.予想に反するなりゆきを示す	ところが			○
9	対比 Contrast	A.二つの物事を対比させて述べる	一方		○	○
			他方		○	○
			～に対して		○	
		B.二つの物事が対極にあることを示す	逆に			○
			～に反して		○	
		C.一つの物事の相反する側面を示す	～反面		○	

III レポート・論文の接続表現

番号	種別	機能	接続表現	接続レベル 語句	接続レベル 節	接続レベル 文
10	結果提示 Stating results	A.ある行動の結果を示す	〜結果		○	
			〜ところ		○	
			〜と		○	
		B.ある原因による結果を示す	〜ため（に）		○	
			〜（こと）から		○	
			〜により		○	
			〜ので*		○	
11	帰結 Conclusion	A.あるプロセスの帰着点を示す	こうして*			○
			かくして*			○
			結局*			○
		B.根拠にもとづき判断する	したがって			○
			よって			○
			ゆえに			○
			〜（こと）から	○		
12	解説 Reasoning	A.判断の根拠を示す	なぜなら（ば）*			○
			というのは*			○
13	転換 Shift	A.前置きを終えて本題に入る	さて*			○
14	展開 Transition	A.ある前提のもとに論点を提示する	(それ)では*			○
		B.仮説にもとづき論点を提示する	とすると		○	○
			とすれば		○	○
15	列挙 Enumeration	A.最初の物事を挙げる	まず			○
		B.次の物事を挙げる	また			○
		C.さらに追加して挙げる	さらに			○
			ほかに／他に			○

1 並列 Apposition

A. 複数の物事を並べて示す。 B. 複数の要素を併せ持つことを示す。

A. Two (or more) items of an equivalent value/status are presented. B. Two (or more) parallel factors exist.

表現

A 1. および（及び）[*1]
    2. ならびに（並びに）

A 1. as well as
    2. and

B 1. かつ（且つ）

B 1. and besides

実例

A a. Ti および Cr の分布，存在形態の調査には，走査型電子顕微鏡（SEM: Hitachi S-4200）およびエネルギー分散型X線分析（EDS: Kevex SuperDry）を使用した。
(環境資源学【web】)

  b. 以下では持家の一戸建・長屋建（以下「持家」と略す），および民営借家の共同住宅（以下「民借」と略す）の2タイプを分析する。 (建築学【web】)

B a. RAPD-PCR は簡便かつごく短時間で解析可能であることから，プライマーの設計を工夫することで容易にかつ短時間に乳酸菌の分類・同定が可能であると考えられた。 (農芸化学)

  b. 科学的概念を選択し，かつ矛盾を解消できた科学解消群では他の被験者群と比較して，「統合」において，発生比率値が有意に高い結果になった。 (教育心理学)

注

*1 レポートや論文において複数の物事を並べて示す場合，助詞の「と」とともに，「および」が多用される。特に長い語句を並列させる場合に「および」が用いられることが多い。

2 選択 Selection

A. 選択肢を示す。

A. An alternative is presented.

表現

A 1. もしくは（若しくは）　　A 1. or
　2. または（又は）　　　　　2. or
　3. あるいは（或いは）　　　3. or
　4. それとも　　　　　　　　4. or

実例

A a. 1987年……EC加盟国間の経済的国境が事実上消滅して以来，EC政策の欧州化**もしくは**脱国家化の傾向が顕著になった。　　　　（国際関係論）

b. Ti化合物単独の磁着実験では，4T**または**6Tの磁界を印加し，塩化鉄，硫酸マンガンの水溶液中の濃度を様々に変化させた時の，濃度と磁着率の関係を調査した。　　　　　　　　　　　　　　　　　　　（環境資源学【web】）

c. 実験では，試薬のTiとFeの混合物**あるいは**CrとFeの混合物を供給して，磁着物としてFe，非磁着物としてTi**あるいは**Crが濃縮されるように基礎試験を行った。　　　　　　　　　　　　　　　　　　　（環境資源学【web】）

d. 将来的に全国規模の施策を提示するのか，**あるいは**地域ごとの施策に止めるのかに関しては検討中である。　　　　　　　　　　　　　　（社会学【web】）

e. 「のね」も各世代共通に使用されているが，……女性文末詞として若い世代に受け継がれてゆくか，**それとも**消滅してゆくか[*1]については，今後さらにデータを増やし調査を継続することが必要であろう。　　　　　　　（日本語学）

注

[*1] 「それとも」は，このように，選択肢を示しつつ論点を提示する文脈で用いられる。「または」「あるいは」にも同じ用法がある（実例Ad）。

3 焦点化 Focusing

A. 多くの中から特別にとりあげる。

A. A focus is put on an item in a group.

表現

A 1. 特に
2. とりわけ
3. なかでも（中でも）
4. ことに（殊に）

A 1. especially
2. above all
3. above all
4. particularly

実例

A a. 多雪地方は規模が最大にもかかわらず満足度は平均的で、沖縄、南海地方と北海道は、狭い割に満足度が高い。**とくに**南海地方は規模が狭いにもかかわらず満足度が最も高く、多雪地方等との間で「規模が狭いのに満足度は高い」という逆転した関係にある。　　　　　　　　　　　　　　　　　　　　（建築学【web】）

b. これは、説話の中でも**とりわけ**、特定の人物の事績を年次を追って記す伝記に属するものであると言える。　　　　　　　　　　　　　　　　　　　（日本文学）

c. 1990年代には個人のプライバシーに関するいくつかの国際文書が作成されている。**なかでも**、ILOが1996年に作成した「労働者の個人データ保護に関する行動準則」が重要である。　　　　　　　　　　　　　　　　　　　　　（法学【web】）

4 累加 Addition

A. 一つの物事について情報を追加する。 B. 情報の追加により論を強調する。C. 他にも存在することを示す。

A. An additional piece of information is presented about the topic. B. An additional piece of information is presented to intensify an argument. C. The existence of other examples is indicated.

表現

A 1. そして

A 1. and

B 1. しかも
   2. そのうえ（その上）

B 1. and what is more
   2. moreover

C 1. 〜だけでなく
   2. 〜ばかりでなく
   3. 〜のみならず

C 1. not only 〜 but
   2. not only 〜 but
   3. not only 〜 but

実例

A a. この間事業部は既存の素材技術をもとに新磁性材料を開発し、これを新製品に搭載することによって高性能薄膜ヘッドの開発を進めた。**そして**1995年より薄膜製造装置を導入し、HDD用ヘッド市場に再参入を果たした。（経営学【web】）

b. 中村は、賢治のこの構想が「花巻周辺の農村経済を、日本あるいは世界の経済から遮断しようとした」と述べる。**そして**、羅須地人協会の後に作られた「ポラーノの広場」において産業組合による「商品の販売」が肯定されていることに触れる。

（日本文学【web】）

B a. 一人の人物が年齢を重ねていくさまが終始克明に記され、**しかも**それが物語進行の指標となっているような巻は、桐壺巻以外には見出しがたい。

（日本文学）

b. 論理的文章を作成する過程の中で、内容面と言語形式面の双方からの指導が必要とされる。**しかも**、単なる知識としてではなく、……運用能力としての論理的文章作成能力の獲得が不可欠である。　　　　　　　　　　　　　　（教育学）

C a. 女性形式を攻撃的発話に使用する現象は、マンガや小説**だけでなく**エッセイにも見られる。　　　　　　　　　　　　　　　　　　　　　　　　（日本語学）

b. 高い一般性セルフ・エフィカシーは行動遂行の確率を高める**だけではなく**、情緒的安定をももたらすといわれている。　　　　　　　　　　　　　　（医学）

c. ギアツの確立したのは、意味のシステムとしての文化を解釈する学としての人類学であり、その影響は歴史学**ばかりでなく**、政治学や隣接分野に広く深くおよんでいる。　　　　　　　　　　　　　　　　　　　　　　　　　　　　（歴史学）

d. 文学作品**のみならず**、実際の会話データ分析によっても、「わ」の衰退傾向は報告されている。　　　　　　　　　　　　　　　　　　　　　　　　（日本語学）

e. 女性のコミュニケーションの仕方は、登場人物の言動に示されている**のみならず**、物語の語り手によって、そのあるべき様が直接に論じられている。
　　　　　　　　　　　　　　　　　　　　　　　　　　　　　　　　（日本語学）

5 換言 Paraphrasing

A. 別の表現で言い換える。 B. より具体的に言い換える。 C. 簡潔にまとめて言い換える。 D. それまでの論述を概括する。

A. A preceding statement is rephrased.　B. A preceding statement is said in a more concrete or detailed manner.　C. A preceding statement is made more concise.　D. The preceding discussions are summarized.

表現

A　1. 言い換えれば　　　　　　　A　1. in other words
　　2. 換言すれば　　　　　　　　　2. to paraphrase it

B　1. すなわち（即ち）　　　　　B　1. that is to say

C　1. つまり　　　　　　　　　　C　1. namely; that is

D　1. 要するに　　　　　　　　　D　1. to sum up

実例

A　a. この矛盾は親株の染色体中に spi に類似の遺伝子，**言い換えれば**，胞子形成に作用する spoIIIE 様遺伝子を検出したことで解決できた。　　　　　　　（農芸化学）

　　b. 閣僚理事会での各国の持ち票総数は 87 票であり，EC 法の可決に必要な「特定多数 (qualified majority)」は 62 票である。**言い換えるならば**，理事会の決議を阻止できるいわゆる「阻止少数 (blocking minority)」は 26 票ということになる。　　　　　　　　　　　　　　　　　　　　　　　　　　　　（国際関係論）

　　c. 拠点の配置と拠点間関係の構築はこれら両方の要請を満たすものでなければならない。**換言すれば**，国内の事業活動を現地に向けて分配配置するなかで，国内拠点をどのような事業領域に向けて再構築してゆくのか，それを通じて現地と国内にいかなる「棲み分け」構造を形成するのかという青写真が国際分業戦略の

なかに構想化される必要がある。　　　　　　　　　　　　　　（経営学【web】）

B　a.　また、思い知るという行為の主体の性別、**すなわち**、思い知る人物が男性であるか女性であるかを見ると、女性が全体の約3分の2を占めている。　（日本文学）

　　b.　この原則によるならば、先の国連総会決議の4項aに挙げられた条件が速やかかつ完全に満たされない限り、**即ち**流し網漁の継続が環境システムに影響を与えないことが期限内に当事国によって証明されない限り、予防的措置として流し網による公海での漁業は禁止される。　　　　　　　　　　　（国際関係論）

　　c.　しかし、循環型畜産サイクルを形成するためには難問が存在する。**すなわち**、近年問題となっている窒素多量施用などによる飼料作物への硝酸態窒素蓄積に起因すると思われる反芻家畜の急・慢性疾病である。　　　　　　　　　（農芸化学）

C　a.　2004年の地域外流出農村労働力総数は1億1,823万人と、2003年との比較で433万人増加した。この数は中国の農村労働力総数の実に23.8％に相当する規模である。**つまり**、すでに中国農村労働力の4人に1人が地域外に出稼ぎを行っていることになる。　　　　　　　　　　　　　　　　（農業経済学）

D　a.　……。……。……。**要するに**政治文化とは、かつて「政治と文化／思想」と表現されていた領域と取りくむ際に研究者が用いる、ほとんど一種のはやり言葉になっている。　　　　　　　　　　　　　　　　　　　　　　　　（歴史学）

6 例示 Illustration

A. 例を示す。　B. 実例を挙げて論を補強する。

A. An example is presented.　B. An example is presented to support the argument.

表現

A　1. たとえば（例えば）　　　　　A　1. for example

B　1. 実際*1　　　　　　　　　　　B　1. actually
　　2. 事実*1　　　　　　　　　　　　　2. actually

実例

A　a. 最近では，いくつかの裁判所が，使用者による労働者の健康情報の収集に一定の制約を課すようになってきている。**例えば**，HIV感染や肝炎ウイルス感染に関する情報の収集である。　　　　　　　　　　　　　　　　　　　　　（法学【web】）

B　a. GC含量が70〜73%と高い本属放線菌では，DNA上のTTAコドンは希有である。**実際**，TTAコドンは，栄養増殖にかかわる遺伝子および下記のwhi等の胞子形成にかかわる遺伝子には見つかっておらず，気菌糸形成と抗生物質生産や耐性に関与する遺伝子に特異的に存在することが示された。　　　　　　（農芸化学）

　　b. 川崎市における背景や条件をすべての自治体に求めることは困難であろう。**事実**，川崎市に隣接する自治体でも，それぞれの異文化理解に関する施策は異なっている。　　　　　　　　　　　　　　　　　　　　　　　　　　　（社会学【web】）

　　c. 〔ジェンダー標示形式が〕談話における技巧や談話のストラテジーとして機能している可能性もあるのではないだろうか。**事実**，最近の小説やマンガには，ある人物がジェンダー標示形式を……，特定の文脈の中で意図的に用いたり用いなかったりしている例がしばしば見られる。　　　　　　　　　　　　　　（日本語学）

注

*1　ある見解を述べた後で，具体例を挙げてその見解を補強する時に用いる。

7 補足 Qualification

A. 前述したことに条件を付ける。 B. 注記する。 C. 関連情報を付け加える。

A. A condition is added to the previously presented argument.　B. A note is added to the previous discussion.　C. A relevant piece of information is added.

表現

A　1. ただし（但し）　　　　　A　1. however
　　2. もっとも（尤も）　　　　　　 2. though

B　1. なお（猶）　　　　　　　B　1. provided that
　　2. ここで　　　　　　　　　　　 2. here

C　1. ちなみに（因みに）　　　C　1. incidentally

実例

A　a. Bのエリアに磁着した粒子は，……反磁性体は一般的に磁化率の絶対値が小さく磁力がもともと小さいことにより，大部分が磁着せずに落下する。ただし，反磁性体であっても流体の磁化率が大きくなり，($\chi_p - \chi_f$)の絶対値が大きくなると磁着量が増える。　　　　　　　　　　　　　　　　　（環境資源学【web】）

B　a. ……。なお，本章で英国とは連合王国をさす。特定すべき場合は，イングランドなどと記す。　　　　　　　　　　　　　　　　　　　　　　　　　　　　（歴史学）

　　b. ……。ここで，係数推計値の下の（　）内はt値である。　　　　（農業経済学）

C　a. ……。ちなみに，ここで実践と訳した英語のプラクティスは，フランス語のプラティークと同じく，日常くりかえしおこなわれる行為，慣行，実務，礼拝，練習，あるいは経験（的知識）をいう。　　　　　　　　　　　　　　　　　　　　（歴史学）

8 反対陳述 Contradiction

A. 相反することを述べる。 B. 本来矛盾することの両立を示す。 C. 予想に反するなりゆきを示す。

A. A statement contrastive or contradictory to the preivious discussion is made. B. The compatibility of the two seemingly contradictory state of affairs is presented. C. An unexpected/surprising outcome/discovery is presented.

表現

A 1. しかし
　2. しかしながら
　3. だが*1
　4. 〜が
　5. 〜ものの*2
　6. 〜とはいえ*1

A 1. but
　2. however
　3. but
　4. 〜, but
　5. though 〜
　6. although 〜

B 1. 〜のに*3
　2. 〜にもかかわらず

B 1. while 〜
　2. in spite of 〜

C 1. ところが

C 1. but

実例

A a. 市民的な公共圏は，国家権力および私利私欲の世界のいずれとも無関係ではないが，しかし，いずれからも区別されたところに形成される。　　　　（歴史学）

b. 冠動脈疾患の患者では有酸素運動が心身ともに有用であることが知られている。しかしながら，健常人における長期間の有酸素運動プログラムによる気分改善効果は，十分には検討されていない。　　　　（医学）

c. イングランドをみるかぎりで一七世紀の革命は，共和制の実験とピューリタンによる偶像破壊以外にはあまり痕跡をのこしていないようにもみえる。だがブリ

テン島，とりわけスコットランド，アイルランド（との関係）についてみれば，その痕跡は歴然である。 (歴史学)

d. 有酸素運動がうつを改善するという報告は多いが，その機序に関して述べたものは少ない。 (医学)

e. 中年群においても有意な差ではないものの b/a が低下する傾向がみられた。 (健康スポーツ科学)

f. 係船場では低い塩分により海産種の生息を困難にし，種類は少ないものの汽水性の種が比較的長期にわたって出現することが分かった。 (魚類学)

g. 同じくステュアート朝とはいえ，この間に時代とともに政治文化が，あるいは人びとの共通理解が転変したのである。 (歴史学)

B a. 前述の「行動指針」においても，健康情報がプライバシーとして検討されるべき中心的個人情報であるにもかかわらず，検討対象外とされた。 (法学【web】)

b. 現在の30代以前の若い女性は，従来の女性文末詞を使用しない。にもかかわらず，テレビドラマの中では，今なお若い女性たちに従来の女性文末詞を使用させる傾向が強い。 (日本語学)

C a. 興味深いのが，多雪地方の持家と民借の比較である。……延べ面積や1人あたりの面積は共に広い方に位置し，その程度は持家の方が大きい。ところが，……規模への満足度は持家より民借の方が高い。 (建築学【web】)

注

*1 「だが」「〜とはいえ」はやや文学的な表現である。論文やレポートでは，「しかし」や「〜が」の方がよく使われる。

*2 「〜ものの」の前の部分は後ろの部分を条件づけるはたらきをする。

*3 「〜のに」は口語的な表現であり，「〜にもかかわらず」の方がよく使われる。

9 対比 Contrast

A. 二つの物事を対比させて述べる。 B. 二つの物事が対極にあることを示す。
C. 一つの物事の相反する側面を示す。

A. Two things are in contrast.　B. Two things are in opposition.　C. Two opposite aspects are demonstrated.

表現

A 1. 一方　　　　　　　　　　　A 1. on the other hand
　2. 他方　　　　　　　　　　　　2. on the other hand
　3. 〜に対して　　　　　　　　　3. against 〜

B 1. 逆に　　　　　　　　　　　B 1. on the contrary
　2. 〜に反して　　　　　　　　　2. in contrast to 〜

C 1. 〜反面　　　　　　　　　　C 1. while 〜

実例

A a. セルフ・エフィカシーを高く知覚した場合には行動が効果的に始発し、遂行される。一方、セルフ・エフィカシーを低く知覚した場合には、人は無気力、抑うつ状態に陥ることが示唆されている。　　　　　　　　　　　　　　　（医学）

 b. 他者の「心」を思い知るのはほとんど女性であり、一方、自己の「心」を思い知るのは圧倒的に男性が多い。　　　　　　　　　　　　　　　　　　（日本文学）

 c. *spoIIIE* が胞子形成に必須な遺伝子であるのに対し、*spi* は胞子阻害をもたらす全く逆の作用をしていることになる。　　　　　　　　　　　　　　　（農芸化学）

 d. 文明 (civilization) が普遍的ないしコスモポリタンな広がりを含意するのにたいして、文化 (culture) は一定の範囲で内在的に妥当する価値や意味のシステムをさす。　　　　　　　　　　　　　　　　　　　　　　　　　　　　　（歴史学）

  e. このように，一般的個人情報に関しては，労働者のプライバシー保護がより一層強化される方向性を見出すことができる。これに対して，健康情報に関しては，プライバシー保護の観点から見直すべき点が少なくない。 　　　　（法学【web】）

B a. そのほか，他者の愛情の深さを思い知る例，また逆に，少数ながら，愛情の希薄さを思い知る例も見られる。 　　　　　　　　　　　　　　　　（日本文学）

  b. 現地と国内で拠点間技術格差がある場合には現地生産活動の拡大が現地法人向け輸出に1%有意で正の影響を与えている。逆に技術格差がない場合には現地の製造活動は現地法人向け輸出に有意な影響を与えていない。　（経営学【web】）

C a. 彼らは戦略の外部環境への適応という側面を精緻に捉えている反面，企業内部における整合性をいかに保ち，全体最適性を保ちながらいかに企業成長を図るかという視点を欠いているように思える。 　　　　　　　　　　　（経営学【web】）

  b. このシステムは，低コストで効率的に大量の農産物を集荷するのに適した方法であったが，反面，……集荷されてきた農産物の品質の均一化が困難で，さらに企業側はその農産物を生産した農家の特定や農産物の栽培方法の把握・遡及ができないため，集荷されてきた農産物の品質管理を徹底することは難しい状況にあった。 　　　　　　　　　　　　　　　　　　　　　　　　（農業経済学）

10 結果提示 Stating results

A. ある行動の結果を示す。 B. ある原因による結果を示す。
A. The results of an action are stated. B. An outcome from a specific cause is presented.

表現

A 1. 〜結果
  2. 〜ところ
  3. 〜と

A 1. as a result of 〜
  2. when 〜
  3. when 〜

B 1. 〜ため(に)(〜為(に))
  2. 〜(こと)から
  3. 〜により
  4. 〜ので

B 1. because 〜
  2. from 〜
  3. due to 〜
  4. as 〜

実例

A a. 本研究では広場恐怖を伴うパニック障害患者を対象に尺度の因子構造の検討を行った結果，嶋田らと同様の因子を抽出することができた。 (医学)

  b. 寄与率の高い3因子を対象に再度同様に分析を行った。その結果，「人と比べて心配性なほうである」という項目は除外された。 (医学)

  c. すべての供試菌株のGC含量を測定したところ，39.0から47.3 mol%の範囲で乳酸菌のGC含量と近似していた。 (農芸化学)

  d. GSESの妥当性を検討したところ，先行研究とほぼ同様な因子構造をしており，GSESの因子的妥当性が確認された。 (医学)

  e. 加速度脈波の各成分の変化を見ると[*1]，b/aは若年群，中年群ともに回復30秒に有意な上昇（$p<0.05$）が見られ，その後漸次回復傾向が見られた。

f. 経月変化を見ると*1，城南島では，種数は1993年7月と1994年5月に多く，それぞれ13種と12種であった。　　　　　　　　　　　　　　　（魚類学）

g. 以上の議論を基に学習者が専門文書作成技能の獲得に至るまでの過程を図式化すると，図1，図2のようになる。　　　　　　　　　　　　（日本語教育学）

B a. 上述の〈実際の会話例〉は，20代前半の大学生の会話であるが，「女性文末詞」が現れていないため，文字だけではどちらが女性か男性か判別出来ない。

（日本語学）

b. 実際の船舶や自動車では動揺刺激が不規則であるため，動揺刺激の再現のある研究ができない。　　　　　　　　　　　　　　　　　（健康スポーツ科学）

c. 城南島では，年間を通して比較的塩分が高いことから海産種も多く出現するが，それらは短期間のみ出現する傾向がある。　　　　　　　　　　（魚類学）

d. この実験が極めて良好な結果をもたらしたことから，1987年には早くもフランス・ブリュターニュ地方のビグデンやユー島から20隻のフランス流し網漁船がマグロ漁に参入し始めた。　　　　　　　　　　　　　　（国際関係論）

e. 88年からの牛肉輸入自由化と円高の影響により，牛肉の自給率は約30％にまで急落した。　　　　　　　　　　　　　　　　　　　（農業経済学）

f. 係船場では2〜3月にはやや水温が高く，このことによりハゼ科魚類の出現が早まるのかもしれない。　　　　　　　　　　　　　　　　　（魚類学）

注

*1 「〜を見ると」，「〜について見ると」という表現は，結果を述べる時によく用いられる。

11 帰結 Conclusion

A. あるプロセスの帰着点を示す。　B. 根拠にもとづき判断する。
A. The final outcome of a process is presented.　B. A judgement based on evidence is presented.

表現

A　1. こうして
　　2. かくして *1
　　3. 結局

A　1. thus
　　2. thus
　　3. eventually

B　1. したがって（従って）
　　2. よって（因って）
　　3. ゆえに（故に）
　　4. 〜（こと）から

B　1. therefore
　　2. thus
　　3. consequently
　　4. from 〜

実例

A　a. この生産過剰下で，……生産過剰な作物の転作政策がとられた。しかし，転作作物の多くは，すでに生産過剰傾向にある作物であったために，この転作政策はある作物の生産過剰が別の作物の生産過剰を誘発する事態に至った。……。こうして中国農業の直面する大問題として，全般的な生産過剰問題が出現したのである。
　　　　　　　　　　　　　　　　　　　　　　　　　　　　　（農業経済学）

　　b. ……。……。……。こうして1998年6月8日，閣僚理事会は1998年1239号規則を可決し，2002年1月1日よりバルト海を除き，EC漁船による流し網の使用を実質的に禁止したのである。
　　　　　　　　　　　　　　　　　　　　　　　　　　　　　（国際関係論）

　　c. ……。……。……。かくして1603年から以降，ブリテン諸島にあった三王国は，一君・三議会・三教会のもとに統べられた。
　　　　　　　　　　　　　　　　　　　　　　　　　　　　　（歴史学）

　　d. 明治政府修史局の重野安繹は，末松が1878年にロンドン大使館に赴任するに

あたって欧州歴史学の取調べを委嘱し，1500円の資金を託した。……末松はというと，……1886年まで帰国しなかった。結局，日本政府が87年2月にお雇い教師として招聘することができたのは，まだ26歳のルートヴィヒ・リースであった。

(歴史学)

B a. 本研究で得られた各因子のα係数はこれまでの先行研究の結果と類似しており，特に第1因子と第2因子のα係数はほぼ同様である。したがって，GSESは広場恐怖を伴うパニック障害患者を対象においても一定の信頼性を有する尺度であると言うことができる。

(医学)

b. ……北京語話者は日本語有声破裂音については知覚能力が高い。したがって，北京語話者は，……母語の無気無声音を日本語有声破裂音に聴き間違えているわけではないと考えられる。

(音声学)

c. 中国産農産物のコストアップの可能性はますます高まっている。よって，……日本国内の野菜生産も，日本国民にたいする安定供給をはかるという意味からは，一定の生産規模を維持する必要があると考えられる。

(農業経済学)

d. 脚本においては，限られた映像時間内で描写する必要性から，伝えたい要素を実際の会話より凝縮化，簡潔化する傾向が見られ，ゆえに，実際の会話とは異なるものである，との見方もあるであろう。

(日本語学)

e. D群では文法試験では全体に高得点を取っているのに聴解試験ではばらつきが大きいことから，文法知識が高くても聴解力の低い学習者がいると見られる。

(音声学)

f. ……。これらの結果から，No.161株の硝酸還元酵素遺伝子は *B.subtilis* 168株と類似した *nar* オペロン構造をとっていることが示唆された。

(農芸化学)

注

*1 「かくして」は「こうして」の古い表現で，用例は少ない。

12 解説 Reasoning

A. 判断の根拠を示す。
A. The basis for a judgement is presented.

表現

A　1. なぜなら（ば）（何故なら（ば））　　A　1. for
　　2. というのは　　　　　　　　　　　　　　2. for

実例

A　a. どのような疾病が、職場に危険性を与えるかについては、十分検討されなければならない。**なぜなら**、……過去においてはハンセン病のように、伝染性がないのにあると考えられていた疾病により多くの差別が生み出されてきた歴史があるからである。　　　　　　　　　　　　　　　　　　　　　　（法学【web】）

13 転換 Shift

A. 前置きを終えて本題に入る。

A. A shift from an introduction to the main discussion is signaled.

表現

A 1. さて　　　　　　　　　　A 1. well; now

実例

A a. さて，政治文化という語は，二〇世紀後半に英語圏の政治学・社会心理学の概念として用いられはじめ，それが以下に述べるように……意味と用法を転じつつ，歴史学など他の学問領域に広まったものである。　　　　　　　　　　（歴史学）

b. さて，『調研報告』にもどって，農村労働力流動についてさらに検討していこう。　　　　　　　　　　（農業経済学）

14 展開 Transition

A. ある前提のもとに論点を提示する。　B. 仮説にもとづき論点を提示する。
A. A point of argument is presented with a specific assumption.　B. An argument is presented based on a hypothesis.

表現

A　1.（それ）では　　　　　　　　A　1. then

B　1. とすると　　　　　　　　　 B　1. if that is the case
　　2. とすれば　　　　　　　　　　　2. if that is the case

実例

A a. 女君は「宿世」という漢語を意識しても自分から口にするものではない、……というような認識があったと推察される。**それでは**，女君が宿世の思いを表現したい時には，どのような方策をとったのだろうか。　　　　　　　（日本語学）

b. 賢治の農業思想は科学者を誤解し，科学者によって救われる弱い農民のみを描いたのではない。むしろ冷害に積極的に対応し科学者とも対等に付き合うことのできる赤鬚の主人という先駆者の出現を描いたのである。**では**，赤鬚の主人が先駆者として描かれることによって，グスコーブドリの死の意味はどう変わったのだろうか。　　　　　　　　　　　　　　　　　　　　　　　　　　（日本文学【web】）

c. このような言語表現科目の広がりの中で，すでに多くの教材が発行され，学習内容は項目化が進んでいる。**では**，次の段階として，初年次の言語表現科目には，どのような課題があるのだろうか。　　　　　　　　　　　（教育学）

B a. 巻末の命名記事は伝記の形式に倣ったものではないかという仮説が導き出される。……ただし，それは，その全生涯の事績を記した伝記ではなかろう。そしてまた，源氏の出自からいって，皇族の伝記であることがふさわしい。**とすると**，一般に「伝」と言われるもの，たとえば高僧伝，往生伝，史書の薨伝・卒伝の類は，いずれも該当しないことになる。　　　　　　　　　　　（日本文学）

15 列挙 Enumeration

A. 最初の物事を挙げる。 B. 次の物事を挙げる。 C. さらに追加して挙げる。

A. The first item in a list is presented.   B. A second item in a list is presented.   C. Other items in the list are added.

表現

A 1. まず（先ず）　　　　　　　A 1. first

B 2. また（又）　　　　　　　　B 2. and

C 1. さらに（更に）　　　　　　C 1. and besides
　　2. ほかに／他に　　　　　　　　2. besides

実例

A a. これには技術的及び社会的要因が指摘される。**まず**技術的要因として，60年代より大西洋で操業するフランス漁船がトロール網を装備し始めたことが挙げられる。　　　　　　　　　　　　　　　　　　　　　　　　　　（国際関係論）

　b. では，次の段階として，初年次の言語表現科目には，どのような課題があるのだろうか。**まず**必要なのは，より多くの学習者への浸透であろう。　（教育学）

B a. ……。**また**，社会的要因として，長い航海を伴う労働集約型のマグロ釣り漁が……フランス漁業者達によって敬遠され始めたことが挙げられる。（国際関係論）

C a. **さらに**，授業内容と方法の面では，単に文章作法の説明に終わらせないために，論理的思考力の養成まで含めた設計が必要である。　　　　　　　（教育学）

　b. ……。その**ほかに**，プラスミドに存在する胞子形成にかかわる遺伝子には S. coelicolor の性プラスミド SCP1 上の sapC, D, E がある。　　　　　（農芸化学）

接続ⅱ 研究行動の記述に用いる接続表現
Connective expressions for describing research actions

接続ⅱでは，特に筆者の研究行動を記述する時に用いられる接続表現をとりあげる。以下の表に，ここでとりあげる接続表現をまとめて示す。太字で記した表現は特に重要なものである。語句・節・文のどのレベルで表現が用いられるかを○印で示す。

The chapter ⅱ presents some connective expressions used for describing research actions, which are listed in the table below. Those in block letters are of more importance. A circle in the table indicates the grammatical level for which the expression in question should be used; i.e. for connecting phrases, clauses, or sentences.

接続表現の一覧 (2)

番号	種別	機能	接続表現	語句	節	文
1	研究行動の提示 Presenting a research action	A.問題解決のための研究行動を示す	そこで			○
		B.目的達成のための研究行動を示す	〜ため（に）		○	
		C.ある理由による研究行動を示す	〜ため		○	
			〜（こと）から		○	
2	研究行動の位置付け Contextualizing a research action	A.最初の研究行動を示す	まず			○
			最初に			○
		B.後続する研究行動を示す	次に			○
			続いて			○
			〜後（に）		○	
		C.先行する研究行動を示す	〜前に		○	
		D.ある研究行動を前提とした研究行動を示す	〜上で		○	
		E.最後の研究行動を示す	最後に			○
		F.その後の研究行動を予告する	以下			○
		G.それまでの研究行動を確認する	以上			○

1 研究行動の提示　Presenting a research action

A. 問題解決のための研究行動を示す。　B. 目的達成のための研究行動を示す。
C. ある理由による研究行動を示す。（⇒序論ⅲ2「リサーチ・クエスチョンを述べる」参照）

A. An action essential for solution is presented.　B. A research action required for the fulfillment of the purpose is presented.　C. A research action taken for a specific reason is presented.

表現

A　1. そこで　　　　　　　　　　A　1. thereupon

B　1. 〜ため（に）　　　　　　　B　1. with an objective of 〜ing

C　1. 〜ため　　　　　　　　　　C　1. because 〜
　　2. 〜（こと）から　　　　　　　　2. from 〜

実例

A　a. ……は，十分には検討されていない。そこでわれわれは POMS を指標として，健常人の有酸素運動プログラムによる気分の改善効果を検討した。　　　（医学）

　　b. これまでの議論より，製品サイクル理論や産業空洞化論から国際分業と事業構造の変革という問題を捉えるには理論的・実証的見地から限界があるように思える。そこで本論は国際分業を企業のグローバル戦略における「配置」の問題として捉える。　　　　　　　　　　　　　　　　　　　　　　　　　　（経営学【web】）

B　a. GSES の妥当性を検討するために，尺度の合計得点を算出し，特性不安尺度との相関係数を求めた。　　　　　　　　　　　　　　　　　　　　　（医学）

C　a. Ca 化合物としては，一般的に焼却灰中では炭酸塩として存在していることが多いため，$CaCO_3$ を用いた。　　　　　　　　　　　　　　　　（環境資源学【web】）

　　b. 表層タンパク質が分類同定の鍵となったことから，全タンパク質の SDS-PAGE プロファイルに基づくサイレージ乳酸菌の分類・同定の可能性を探った。

（農芸化学）

2 研究行動の位置付け　Contextualizing a research action

A. 最初の研究行動を示す。　B. 後続する研究行動を示す。　C. 先行する研究行動を示す。　D. ある研究行動を前提とした研究行動を示す。　E. 最後の研究行動を示す。　F. その後の研究行動を予告する。　G. それまでの研究行動を確認する。（⇒序論ⅲ3「論文の構成を予告する」，結論ⅰ1「研究行動を振り返る」参照）

A. The first research action is stated.　B. Additional research actions which follow are stated.　C. A preceding research action is stated.　D. A research action that calls for a prerequisite research action is stated.　E. A final research action is stated.　F. Research actions that will be taken thereafter are predicted.　G. The actions/efforts made so far are restated.

表現

A　1. まず
　　2. 最初に

A　1. first
　　2. first

B　1. 次に
　　2. 続いて
　　3. 〜後（に）

B　1. next
　　2. next
　　3. following 〜

C　1. 〜前に

C　1. before 〜

D　1. 〜上で

D　1. after 〜ing

E　1. 最後に

E　1. lastly

F　1. 以下

F　1. after this

G　1. 以上

G　1. so far

実例

A　a. まず，酪農協の価格設定行動を定式化する。　　　　　　　　　　　（農業経済学）

b. まず，広義のことばづかい，すなわちコミュニケーションの仕方の違いについて先行研究を整理しつつ概観する。　　　　　　　　　　　　　　（日本語学）

B　a. ……。つぎに，メーカーの価格設定行動を定式化する。　　　（農業経済学）

　　b. ……。次に，狭義のことばづかいとしての語彙の用い方に焦点を絞り，男女の間でどのような違いがあるかを見ていく。　　　　　　　　　　　（日本語学）

　　c. 前節では……という仮説を検証してきた。……次に本節ではこうした戦略にいかなる合理性があるのかということをアルプス電気とアイワのケースを比較しつつ考察する。　　　　　　　　　　　　　　　　　　　　　　　（経営学【web】）

　　d. 自覚的体調悪化の有無を60回転刺激後に聴取した。　（健康スポーツ科学）

　　e. PCR等で増幅した断片は……によって16℃，1時間反応した後，……を用いて形質転換した。　　　　　　　　　　　　　　　　　　　　　　（農芸化学）

C　a.「思ひ知る」の語義を明らかにする前に，まず，何を「思ひ知る」のかということを見ておきたい。　　　　　　　　　　　　　　　　　　　　　（日本文学）

D　a. 健常者に対しては，各個人に同意を得たうえで，無記名形式で質問紙調査を実施し，郵送にて回収を行った。　　　　　　　　　　　　　　　　　（医学）

　　b. 本稿では対外国人意識の現状，およびそれに対する行政の施策を分析し，その上で，国および地方自治体が抱える問題点を提起したい。　　　（社会学【web】）

E　a. ……。最後に，プログラム運営における教務についてコメントを求めた。
　　　　　　　　　　　　　　　　　　　　　　　　　　　　　（作例，教育学）

F　a. ……。以下，第2節では話者のジェンダーと一致したジェンダー標示形式の使

用例を，第3節では一致しない使用例を観察する。 （日本語学）

b. ここまでは教育面でのWeb利用について見てきたが，以下，プログラム運営上のWeb利用についての調査結果を報告する。 （作例，教育学）

G a. 以上，『源氏物語』における男女のことばづかいの違いを，コミュニケーションの仕方と語彙の用い方の二つの側面から検討した。 （日本語学）

b. 以上，多雪地方と南海地方の持家の間にある住戸規模の地方差とその背景を検討してきた。 （建築学【web】）

実例の出典一覧

本書で取り上げた実例の出典を，分野別に示す．分野名については，著者に確認できなかった場合は内容や学会誌名称から判断した．【web】のマークがついているものは，ウェブサイトに全文を掲載している論文である．

[宗教学]
吉野耕作 (1997)「現代日本のナショナリズム――文化の差異をめぐる言説を中心に」中野毅他編『宗教とナショナリズム』世界思想社，236-253

[日本文学]
大島丈志 (2003)「「グスコーブドリの伝記」論――一九二〇から一九三〇年代における宮沢賢治の農業思想を背景として」『日本文学』52 (9)，53-63　　【web】
佐藤勢紀子 (2006)「『源氏物語』における自己認識の性差――「思ひ知る」の用法を中心に」『日本語とジェンダー』6, 1-10
佐藤勢紀子 (2006)「桐壺巻の構成と聖徳太子伝――「光君」命名記事をめぐって」日向一雅，仁平道明編『源氏物語の始発――桐壺巻論集』竹林舎，219-238

[音声学]
山本富美子 (2004)「日本語談話の聴解力と破裂音の知覚との関係――中国北方方言話者と上海語方言話者に対する比較調査より」『音声研究』8 (3), 67-79

[日本語学]
因京子 (2006)「談話ストラテジーとしてのジェンダー標示形式」日本語ジェンダー学会編『日本語とジェンダー』ひつじ書房，53-72
水本光美 (2006)「テレビドラマと実社会における女性文末詞使用のずれにみるジェンダーフィルタ」日本語ジェンダー学会編『日本語とジェンダー』ひつじ書房，73-94
佐藤勢紀子 (2006)「『源氏物語』とジェンダー――「宿世」を言わぬ女君」日本語ジェンダー学会編『日本語とジェンダー』ひつじ書房，109-120
清ルミ (2006)「禁止場面における現実の言語表現――医師と美術館員の場合」『世界の日本語教育』16, 107-123

[日本語教育学]
因京子，村岡貴子，米田由喜代，仁科喜久子，深尾百合子，大谷晋也 (2007)「日本語専門文書作成支援の方向――理系専門日本語教育の観点から」『専門日本語教育研究』9, 55-60

[歴史学]

近藤和彦 (2001)「日本の歴史学における近代派の伝統——福沢諭吉・マルクス主義・大塚久雄」細川千博, イアン・ニッシュ監修『日英交流史 1600-2000』5, 東京大学出版会, 381–398

近藤和彦 (2003)「政治文化——何がどう問題か」歴史学研究会編『国家像・社会像の変貌』青木書店, 240–256

近藤和彦 (2004)「「イギリス革命」の変貌——修正主義の歴史学」『思想』964, 42–51

近藤和彦 (2006)「歴史理論」『史学雑誌』115 (5)（2005年の歴史学界——回顧と展望）, 6–10

[法学]

山口いつ子 (2002)「デフォルトとしての思想の自由市場」『法律時報』74 (1), 16–22

砂押以久子 (2005)「情報化社会における労働者の個人情報とプライバシー」『日本労働法学会誌』105, 48–69 【web】

[国際関係論]

稲本守 (2007)「1998年EC流し網規制にみる新たな国際関係」『東京海洋大学研究報告』3, 13–24

[経営学]

天野倫文 (2002)「国際分業と事業構造の変革——グローバル戦略における比較優位の創出」『日本経営学会誌』8, 15–31 【web】

白井早由里 (2003)「家族経営のグループ企業が企業パフォーマンスに与える効果の分析——インドの事例をもとにして」『アジア研究』49 (2), 26–44

長谷川貢也, 淺井達雄 (2007)「経営のUD度が企業価値に与える影響」『日本経営システム学会誌』24 (1), 67–72

[社会学]

野村佳絵子, 黒田浩一郎 (2005)「戦後日本の健康至上主義——健康に関する書籍ベストセラーの分析を通して」『社会学評論』55 (4), 449–467

佐々木交栄 (2005)「アノミーの社会史：性・年齢・地域別自殺死亡率の経年分析」『社会学評論』55 (4), 468–482

小林真生 (2007)「対外国人意識改善に向けた行政施策の課題」『社会学評論』58 (2), 116–133 【web】

川本格子 (2008)「ジンメルにおける文化と生ならびに性の問題——マリアンネ・ウェーバーの女性論と関連させて」『社会学評論』58 (4), 540–556

[マス・コミュニケーション研究]

鳥谷昌之 (2001)「フレーム形成過程に関する理論的一考察——ニュース論の統合化に

向けて」『マス・コミュニケーション研究』58, 78–93

林香里 (2004)「オルターナティヴ・メディアは公共的か——その再帰的公共性」『マス・コミュニケーション研究』65, 34–52

[教育学]
大島弥生 (2005)「大学初年次の言語表現科目における協働の可能性——チーム・ティーチングとピア・レスポンスを取り入れたコースの試み」『大学教育学会誌』27 (1), 158–165

[教育心理学]
田島充士, 茂呂雄二 (2006)「科学的概念と日常経験知間の矛盾を解消するための対話を通した概念理解の検討」『教育心理学研究』54 (1), 12–24

[医学]
陳峻雯, 形岡美穂子, 鈴木伸一, 川村由美子, 熊野宏昭, 貝谷久宣, 坂野雄二 (2003)「広場恐怖を伴うパニック障害患者における一般性セルフ・エフィカシー尺度の特徴に関する検討」『心身医学』43 (12), 822–828

角田浩, 内海厚, 本郷道夫 (2007)「健常成人における有酸素運動プログラムの気分改善効果」『心身医学』47 (5), 325–329

[健康スポーツ科学]
阿保純一, 佐野裕司, 村松園江 (2007)「回転刺激が加速度脈波と血圧に及ぼす影響——若年群と中年群の比較」『日本航海学会論文集』116, 219–225

[情報工学]
浦尾彰, 三輪和久 (2008)「動画を用いたインタラクティブな学習環境における認知負荷の効果の検討」『電子情報通信学会論文誌D, 情報・システム』91 (2), 367–376

[建築学]
阿部成治, 木内望 (2007)「住戸規模の地方差とその背景に関する研究——多雪地方と南海地方の比較を中心として」『日本建築学会計画系論文集』622, 181–186

【web】

[金属工学]
森久史, 野田雅史, 辻村太郎, 船見国男, 東健司 (2006)「マグネシウム合金 AZ31 の2次再結晶成長粒が強度に及ぼす影響」『日本金属学会誌』70 (6), 521–523

[環境資源学]
友田勝博, 松野基次, 中村崇, 高須登実男 (2007)「焼成法による溶融飛灰の無害化機構」『Journal of MMIJ』123 (1), 50–55

伊藤亮嗣, 藤田豊久, 丹野秀昭, 岡田敦志 (2007)「焼却灰中のレアメタルリサイクルのためのチタンおよびクロム化合物の超電導高勾配磁力選別」『Journal of

[農芸化学]

緒方靖哉, 土居克実 (1994)「*Streptomyces* 属放線菌の形態分化にかかわる制御遺伝子」『バイオサイエンスとインダストリー』52 (5), 367-373

土居克実 (2003)「飼料作物中の硝酸態窒素低減化に依る家畜疾病予防と河川汚染防止法の開発」『平成15年度畜産物需給関係学術研究情報収集推進事業報告書』独立行政法人農畜産業振興機構, 77-88

土居克実, 西崎陽祐, 大桃定洋, 緒方靖哉 (2004)「分子系統解析による西南暖地型サイレージ乳酸菌株の多様性の究明」『生物工学会誌』82 (9), 436-437

長岡利 (2004)「高コレステロール血症を予防改善する革新的な高付加価値牛乳・乳製品開発のための基盤研究」『畜産の情報, 国内編』182, 33-39

[微生物学]

今田千秋, 小林武志, 濱田 (佐藤) 奈保子, 渡辺悦生 (2003)「相模湾および遠州灘の海底堆積物から分離した好圧細菌の諸性状について」『日本水産学会誌』69 (3), 347-351

[水産学]

遠藤雅人, 小林龍太郎, 有賀恭子, 吉崎悟朗, 竹内俊郎 (2002)「微小重力および近赤外光照射下におけるティラピアの姿勢保持」『日本水産学会誌』68 (6), 887-892

[魚類学]

酒井洋一, 茂木正人, 河野博 (2007)「東京湾の湾奥部における水中灯に蝟集した魚類の季節変化」『東京海洋大学研究報告』3, 45-50

[農業経済学]

大島一二 (2006)「中国農業をめぐる環境変化と野菜加工企業の動向」『農業市場研究』15 (2), 40-46

大島一二, 西野真由 (2007)「中国における農村労働力移動の深化と課題――都市への移動と定住」『中国21』26, 風媒社, 89-102

鈴木宣弘, 木下順子 (2004)「酪農協・メーカー・スーパー間のパワーバランスからみた適正乳価格水準の解明」『平成15年度畜産物需給関係学術研究情報収集推進事業報告書』独立行政法人農畜産業振興機構, 67-76

参考図書

レポートや論文の作成について，以下の本が役に立ちます。

アカデミック・ジャパニーズ研究会 (2002)『大学・大学院留学生の日本語 ③ 論文読解編』アルク

アカデミック・ジャパニーズ研究会 (2002)『大学・大学院留学生の日本語 ④ 論文作成編』アルク

荒木晶子・向後千春・筒井洋一 (2000)『自己表現の教室』情報センター出版局

入部明子 (2002)『論理的文章学習帳　コンピュータを活用した論理的な文章の書き方』牧野出版

岩崎美紀子 (2008)『「知」の方法論──論文トレーニング』岩波書店

大島弥生・池田玲子・大場理恵子・加納なおみ・高橋淑郎・岩田夏穂 (2005)『ピアで学ぶ大学生の日本語表現──プロセス重視のレポート作成』ひつじ書房

学習技術研究会 (2002)『知へのステップ──大学生からのスタディ・スキルズ』くろしお出版

木下是雄 (1981)『理科系の作文技術』中央公論社

木下是雄 (1994)『レポートの組み立て方』ちくま学芸文庫

佐渡島紗織・吉野亜矢子 (2008)『これから研究を書くひとのためのガイドブック』ひつじ書房

高橋昭男 (1997)『仕事文の書き方』岩波書店

二通信子・佐藤不二子 (2000)『留学生のための論理的な文章の書き方』スリーエーネットワーク

浜田麻里・平尾得子・由井紀久子 (1997)『大学生・留学生のための論文ワークブック』くろしお出版

山崎信寿・富田豊・平林義彰・羽田野洋子 (2002)『科学技術日本語案内　新訂版』慶應義塾大学出版会

山本富美子・瓜生佳代・甲斐朋子 (2007)『国境を越えて　タスク編』新曜社

索引

あ

あきらか（な）【明らか（な）】　66, 116
あきらかにする【明らかにする】　34, 57, 63, 64, 67, 78, 85, 158, 159, 160, 162
あきらかになる【明らかになる】　116, 117, 118, 120, 160, 161, 162
あげる【挙げる】　34, 36, 44, 45, 62, 64, 124, 147
あたい【値】　105
あたいする【値する】　140
あたえる【与える】　152
あっか（する）【悪化（する）】　43, 166, 167
〜あと／のち／ご（に）【〜後（に）】　58, 93, 159, 198, 200, 201
アプローチ　92, 94
〜あまり【〜余り】　100, 101
あらた（な）【新た（な）】　57
あらゆる　57
あるいは　174, 178

い

いいかえれば【言い換えれば】　175, 182
いいがたい【言いがたい】　140, 141, 156
いう【言う】　37, 49, 60, 61, 120, 121, 126, 134, 135, 140, 149, 151, 152, 155, 156, 162, 163, 164, 169
いか（の）【以下（の）】　50, 51, 57, 80, 81, 109, 110, 136, 137, 138, 139, 160, 161, 198, 200, 201, 202
〜いか【〜以下】　99
いかなる　58
いかに　58
いぎ【意義】　140
いくつか（の）　62, 65
いご【以後】　50, 51
〜いじょう【〜以上】　99

いじょう（の）【以上（の）】　66, 126, 152, 158, 159, 162, 198, 200, 202
いずれも　58
いぜんとして【依然として】　59
いちいん【一因】　124
いちじるしい【著しい】　58, 111, 112
いちづける【位置付ける】　94
いちぶ（の）【一部（の）】　59, 164
いちれん（の）【一連（の）】　62, 76
いっしゅ（の）【一種（の）】　40, 41, 90
いっち（する）【一致（する）】　58, 104, 105, 122
いってい（の）【一定（の）】　113
いっぽう【一方】　91, 93, 145, 146, 175, 188
〜いっぽう【〜一方】　114, 115
いまだ（に）【未だ（に）】　46, 59
いみ（する）【意味（する）】　49, 66, 91, 140, 162, 163, 165
いわば　59
いわゆる　57
いんよう（する）【引用（する）】　34

う

〜うえで【〜上で】　81, 89, 92, 93, 135, 137, 164, 198, 200, 201
うかがう【窺う】　37, 162, 163
うちわけ【内訳】　89
うながす【促す】　168, 169
うらづける【裏付ける】　34, 122, 123
うわまわる【上回る】　107, 108

え

えいきょう（する）【影響（する）】　86
える【得る】　64, 68, 120, 122, 153

お

おうよう（する）【応用（する）】　164, 165

索引

おおく(の)【多く(の)】　57, 59, 62, 63, 83, 84
おおはば(な)【大幅(な)】　111
おこなう【行う】　33, 35, 45, 57, 59, 62, 64, 65, 67, 76, 77, 78, 84, 85, 86, 92, 93, 94, 158, 159, 170
おそらく　59
おなじ【同じ】　104, 105, 122, 143
おもう【思う】　37, 141, 153, 155
およそ　100
および【及び】　59, 78, 90, 136, 174, 177
およぶ【及ぶ】　67, 86, 99, 102, 103
およぼす【及ぼす】　42

か

がいかん(する)【概観(する)】　36, 136
かいけつ(する)【解決(する)】　32, 47, 164
かいしゃく(する)【解釈(する)】　34
かいせき(する)【解析(する)】　34
かいせつ(する)【解説(する)】　36
がいせつ(する)【概説(する)】　36
かいぜん(する)【改善(する)】　59, 166, 168
がいねん【概念】　61
かいめい(する)【解明(する)】　32, 34, 47, 59, 158, 160, 162, 170, 171
がいりゃく【概略】　139
かかせない【欠かせない】　47, 48
〜かぎり【〜限り】　50, 67, 68, 120, 121, 166, 167
かぎる【限る】　32, 89, 164, 165
かくだい(する)【拡大(する)】　42, 166, 170, 171
かくにん(する)【確認(する)】　119, 163
かせつ【仮説】　34
かだい【課題】　59, 80, 82, 165, 170, 171
かつ　174, 177
がっち(する)【合致(する)】　104
かてい(する)【仮定(する)】　34, 134, 135
かのうせい【可能性】　46, 58, 59, 118, 119, 121, 124, 125, 147, 162, 163, 164, 165, 166
かわる【変わる】　113
かんがえる【考える】　37, 47, 57, 58, 59, 61, 78, 79, 81, 85, 120, 121, 123, 124, 125, 126, 127, 132, 133, 135, 142, 147, 148, 149, 152, 153, 154, 155, 165, 166, 167
かんげんすれば【換言すれば】　175, 182
かんさつ(する)【観察(する)】　33, 41, 76, 77, 81, 117, 160
かんてん【観点】　132, 133, 158

き

きいん(する)【起因(する)】　124, 125, 147
きさい(する)【記載(する)】　36
きそ【基礎】　76
きたい(する)【期待(する)】　164, 165
きちょう(な)【貴重(な)】　164
ぎもん【疑問】　140, 150
ぎゃくに【逆に】　175, 188, 189
きゅうげき(な)【急激(な)】　111
きゅうそく(な)【急速(な)】　62, 111, 112
きゅうめい(する)【究明(する)】　34
〜きょう【〜強】　100, 101
きょうつう(する)【共通(する)】　67, 86, 143
きょうつうてん【共通点】　57
きょうゆう(する)【共有(する)】　94, 95
きょくしょうち【極小値】　111, 112
きょくだいち【極大値】　111
ぎろん【議論】　32, 80, 81, 82, 84, 132, 152, 171
きわめて【極めて】　58
きんじ(する)【近似(する)】　104, 105
きんねん【近年】　42, 44, 62

209

索引

く

くぶん（する）【区分（する）】　90, 136
くらべる【比べる】　34, 58, 107, 108
くわえる【加える】　33, 34
くわしい【詳しい】　58
ぐん【群】　58, 85, 90, 91

け

けいき【契機】　169
けいこう【傾向】　59, 86, 114, 115, 122
けいさい（する）【掲載（する）】　36
けいさん（する）【計算（する）】　93
ケース　41, 57
けっか【結果】　33, 34, 36, 57, 59, 66, 84, 86, 105, 116, 117, 118, 119, 120, 121, 122, 123, 127, 148, 153, 160, 161, 163, 165, 190, 193
けっきょく【結局】　176, 192
けつろん【結論】　64, 77, 80, 81, 152
けつろんづける【結論付ける】　36, 152
げんいん【原因】　34, 36, 45, 57, 59, 124, 125, 147
けんかい【見解】　34, 35, 58, 140
けんきゅう【研究】32, 33, 36, 60, 62, 63, 65, 67, 68, 95, 170, 171
げんきゅう（する）【言及（する）】　36, 170
けんしょう（する）【検証（する）】　33, 34, 78, 79, 80, 158, 162, 163, 170
げんしょう【現象】　57
げんしょう（する）【減少（する）】　58, 112, 115
けんちょ（な）【顕著（な）】　106, 143, 144
げんてい（する）【限定（する）】　32, 82, 132
けんとう（する）【検討（する）】　33, 63, 65, 67, 76, 78, 79, 88, 94, 118, 119, 123, 132, 133, 134, 135, 137, 140, 158, 159

こ

こうか【効果】　59, 86, 165
こうさつ（する）【考察（する）】　32, 33, 40, 41, 46, 62, 67, 76, 77, 79, 84, 85, 132, 133, 134, 138, 158, 170, 171
こうした　44, 57, 166
こうして　176, 192
こうしゃ【後者】　58
こうじゅつ（の）／（する）【後述（の）／（する）】　58
こうせい（する）【構成（する）】　81, 90, 136
こうりょ（する）【考慮（する）】　134, 135, 141
こえる【超える】　99
ごく　164
ここで（は）　82, 132, 133, 136, 137, 150, 175, 185
こころみる【試みる】　33, 34, 35, 81
〜ことから　120, 121, 149, 153, 166, 176, 190, 191, 192, 193, 198, 199
ことなる【異なる】　57, 106, 122, 123, 127, 143, 144
ことに【殊に】　174, 179
これまで（の）　60, 63, 67, 122
こんご【今後】　59, 80, 82, 166, 167, 170, 171
こんなん（な）【困難（な）】　166

さ

さ【差】　85, 86, 104, 105, 106
さい【差異】　104, 105, 106
さいけんとう（する）【再検討（する）】　168, 169, 171
さいこう（する）【再考（する）】　168, 169
さいごに【最後に】　80, 81, 198, 200, 201
さいしょに【最初に】　198, 200
さいよう（する）【採用（する）】　92, 94
さくせい（する）【作成（する）】　76, 93
さす【指す】　49

210

さて　　176, 195
さまざま(な)【様々(な)】　57, 144, 150
さらに【更に】　166, 167, 176, 197
さんこう【参考】　35
さんしゅつ(する)【算出(する)】　33
さんしょう(する)【参照(する)】　35, 94

し

しかし　141, 146, 150, 151, 175, 186
しかも　174, 180, 181
しさ(する)【示唆(する)】　37, 66, 118, 119, 120, 121, 162, 163
しさん(する)【試算(する)】　33
しじ(する)【支持(する)】　34, 94, 122
じじつ【事実】　36, 175, 184
じたい【事態】　43
しだいに【次第に】　59, 111
したがって　59, 176, 192, 193
したまわる【下回る】　107
じっけん(する)【実験(する)】　33, 34, 57, 59, 64, 76, 77, 85, 86, 92, 126
じっさい【実際】　175, 184
じっし(する)【実施(する)】　33, 81, 168
じっしょう(する)【実証(する)】　34, 81
してき(する)【指摘(する)】　36, 59, 64, 65, 94, 95, 121, 123, 138, 150, 153, 171
してん【視点】　132
しぼる【絞る】　32, 82, 132
しめす【示す】　36, 40, 41, 57, 66, 96, 97, 105, 111, 112, 114, 115, 116, 117, 118, 119, 123, 127, 140, 149, 160, 162, 163
しめる【占める】　102, 103
〜じゃく【〜弱】　100
しゅうけい(する)【集計(する)】　33
しゅうしゅう(する)【収集(する)】　33
しゅうち(の)【周知(の)】　60, 61
じゅうぶん(な)【十分(な)】　46, 67, 141
しゅうやく(する)【集約(する)】　139
じゅうよう(な)【重要(な)】　42, 44, 140, 164
じゅうらい(の)【従来(の)】　63, 168, 169
しゅちょう(する)【主張(する)】　35, 138
しゅほう【手法】　92, 94
しゅよう(な)【主要(な)】　150
じゅんじる／じゅんずる【準じる／準ずる】　92
しよう(する)【使用(する)】　33, 88, 89
しょうかい(する)【紹介(する)】　36, 65
じょうきょう【状況】　42, 44
じょうけん【条件】　86, 165
しょうじゅつ(する)【詳述(する)】　36
じょうじゅつ(の)／(する)【上述(の)／(する)】　58
じょうしょう(する)【上昇(する)】　59, 86, 112, 114
しょうじる／しょうずる【生じる／生ずる】　42, 44, 57, 86, 148
しょうする【称する】　32
しょうてん【焦点】　32, 40, 63, 132, 133
しょうめい(する)【証明(する)】　34
じょがい(する)【除外(する)】　32, 82
じょじょに【徐々に】　59, 111, 112
しらべる【調べる】　64, 84, 92, 93
しりょう【資料】　33, 34, 88, 89
しりょう【試料】　33, 89
しる【知る】　40, 41, 47, 60, 61, 67, 91
じれい【事例】　44, 85, 88, 163, 164, 165
しんこう(する)【進行(する)】　42, 167
しんこく(な)【深刻(な)】　42, 44, 58
しんこくか(する)【深刻化(する)】　42, 86, 166, 167
しんらい(する)【信頼(する)】　126

す

ず【図】　36, 57, 96, 97, 98, 116, 117
すいさつ(する)【推察(する)】　37, 124, 127, 148, 149, 151
すいそく(する)【推測(する)】　37, 121, 124, 127, 147

211

すいてい（する）【推定（する）】　37
すいろん（する）【推論（する）】　37
すぎない　59, 102, 164,
すすめる【進める】　82, 132, 133, 158
すでに【既に】　59
すなわち　59, 138, 175, 182, 183
すべて　58, 86, 92

せ

せいか【成果】　40, 68
せいり（する）【整理（する）】　36, 76, 77, 81
せいりつ（する）【成立（する）】　63
せってい（する）【設定（する）】　32, 93
せつめい（する）【説明（する）】　36, 64, 127, 138
ぜんけい（の）【前掲（の）】　58
〜ぜんご【〜前後】　100
せんこうけんきゅう【先行研究】　36, 58, 63, 66, 85, 122
ぜんしゃ【前者】　58
せんじゅつ（の）／（する）【先述（の）／（する）】　58
ぜんじゅつ（の）／（する）【前述（の）／（する）】　58
ぜんてい【前提】　34, 95, 134, 135

そ

そうい【相違】　106
そういてん【相違点】　34, 143, 161
ぞうか（する）【増加（する）】　86, 111, 114
そうごう（する）【総合（する）】　120
そうさ（する）【操作（する）】　76, 86
ぞうだい（する）【増大（する）】　166
ぞくする／ぞくす【属する／属す】　90
そくてい（する）【測定（する）】　33, 58, 80
そくめん【側面】　63, 158, 159
そこで　78, 89, 198, 199
そして　93, 174, 180
そのうえ【その上】　174, 180

そのけっか【その結果】　59, 119
それでは　176, 196
それとも　174, 178

た

たいしょう【対象】　32, 59, 82, 86, 88, 89
たいしょう（する）【対照（する）】　34, 85
たいしょうてき（な）【対照的（な）】　145, 146
たいひ（する）【対比（する）】　34
たいべつ（する）【大別（する）】　33
だが　175, 186
たかまる【高まる】　48, 112
〜だけでなく　148, 171, 174, 180, 181
たしかに【確かに】　150, 151
ただし【但し】　175, 185
たちば【立場】　132
たっする【達する】　99, 102, 103
だとう（な）【妥当（な）】　126, 140
だとうせい【妥当性】　34, 94
たとえば【例えば】　175, 184
たに／ほかに【他に】　176, 197
たほう【他方】　145, 175, 188
〜ため（に）　33, 47, 48, 78, 79, 82, 88, 89, 124, 147, 148, 176, 190, 191, 198, 199
だんかい【段階】　67
たんきゅう（する）【探究（する）】　33

ち

〜ち【〜値】　33, 58, 127
ちがい【違い】　84, 86, 90, 104, 106, 143, 144
ちなみに【因みに】　175, 185
ちゃくもく（する）【着目（する）】　32, 132, 133
ちゅうしゅつ（する）【抽出（する）】　33, 57, 89
ちゅうもく（する）【注目（する）】　34, 44, 132, 133, 170, 171
ちょうさ（する）【調査（する）】　33, 57,

58, 59, 64, 65, 78, 79, 84, 85, 86, 88, 117, 123, 163

つ

つぎに【次に】　80, 81, 109, 198, 200, 201
〜つつある　114, 166
つづいて【続いて】　80, 110, 198, 200
つづく【続く】　59, 84, 109, 110, 171
つねに【常に】　59
つまり　138, 175, 182, 183

て

ていあん（する）【提案（する）】　35, 76, 77, 80, 84
ていか（する）【低下（する）】　58, 59, 112, 115
ていぎ（する）【定義（する）】　32
ていじ（する）【提示（する）】　41
〜ていど【〜程度】　100
データ　33, 34, 57, 85, 88, 89, 120
てがかり【手がかり】　133
てきよう（する）【適用（する）】　126, 159, 164
てじゅん【手順】　76, 85
てらしあわせる【照らし合わせる】　120, 121
てん【点】　32, 58, 59, 63, 90, 121, 125, 134, 140, 143, 144, 160, 163, 164, 171
てんけい【典型】　44
てんぼう（する）【展望（する）】　81

と

とう【問う】　46, 86
どうい（する）【同意（する）】　34
どうよう（の）【同様（の）】　104, 105, 123
とくしゅ（な）【特殊（な）】　164
とくちょう【特徴】　143, 153
とくに【特に】　44, 50, 174, 179
〜ところ　116, 123, 160, 161, 175, 176, 186, 187, 190

ところが　175, 186, 187
〜として　40, 45, 50, 62, 89, 92, 93, 124, 132, 133, 134, 147
〜とすると　134, 135, 176, 196
〜とどうじに【〜と同時に】　86
とどまる　67, 86, 102
〜とともに　86
〜とはいえ　175, 186, 187
ともに　58, 138, 143, 144
とらえる【捉える】　132, 133, 142
とりあげる【取り上げる】　32, 40, 81, 88, 135, 170
とりわけ　174, 179

な

なお【猶】　175, 185
なかでも【中でも】　44, 45, 174, 179
〜なしに　86
なす【為す】　46, 64, 67, 169
なぜ　46, 142
なぜなら（ば）　176, 194
ならびに　78, 174, 177

に

ニーズ　48
〜において／おける　44, 47, 76, 79, 86, 105, 113, 126, 144, 160, 168, 169
〜におうじて／おうじた【〜に応じて／応じた】　86
〜にかかわらず　86
〜にかぎらず【〜に限らず】　86
〜にかけて　86
〜にかんして／かんする【〜に関して／関する】　63, 84, 158, 159, 163
〜にしたがって【〜に従って】　85, 86
〜にそくして／そくした【〜に即して／即した】　85
〜にそって／そった【〜に沿って／沿った】　85
〜にたいして／たいする【〜に対して／対する】　63, 84, 145, 175, 188, 189

索引

213

索引

〜について（の）　33, 34, 36, 40, 41, 47, 57, 58, 60, 61, 62, 63, 64, 65, 67, 68, 76, 77, 78, 79, 81, 82, 84, 92, 105, 120, 127, 134, 137, 138, 139, 150, 158, 159, 160, 165, 168, 169, 170, 171

〜にとどまらず　86

〜にともなって／ともなう【〜に伴って／伴う】　86

〜にはんして／はんする【〜に反して／反する】　122, 123, 127, 175, 188

〜にもかかわらず　175, 186, 187

〜にもとづいて／もとづく【〜に基づいて／基づく】　34, 85, 93, 149

〜によって／よる　34, 57, 85, 86, 90, 93, 94, 95, 116, 120, 121, 124, 125, 127, 136, 143, 144, 147, 148, 176, 190, 191

〜によると　64

〜によれば　60, 64, 65, 85, 116, 117, 138

〜にわたって／にわたる　61, 86

にんしき（する）【認識（する）】　60

の

のぞく【除く】　32

のぞむ【望む】　48, 168

のべる【述べる】　36, 57, 58, 64, 65, 80, 81, 82, 138

のぼる【上る】　102, 103

〜のみならず　174, 180, 181

は

ばあい【場合】　134, 135

はあく（する）【把握（する）】　94

〜ばい【〜倍】　107, 108

〜ばかりでなく　174, 180, 181

はじめに【初めに】　81

はっせい（する）【発生（する）】　42, 43

はってん（する）【発展（する）】　62, 85, 86

はるかに【遥かに】　59

はんだん（する）【判断（する）】　37, 85, 126, 149

はんめい（する）【判明（する）】　59, 116

〜はんめん【〜反面】　145, 146, 175, 188, 189

はんろん（する）【反論（する）】　34, 150

ひ

ピーク　111

ひかく（する）【比較（する）】　34, 81, 105, 107, 108, 144, 158, 159

ひきおこす【引き起こす】　42, 43, 124, 147, 148

ひけんしゃ／ひけんじゃ【被験者】　59, 93

ひっしゃ【筆者】　57

ひつよう（な）【必要（な）】　47, 59, 85, 86, 135, 168, 170, 171

ひてい（する）【否定（する）】　150, 166

ひとしい【等しい】　104, 105

ひはん（する）【批判（する）】　35, 84, 150

ひょう【表】　57, 85, 96, 97, 98, 116, 117

ひょうか（する）【評価（する）】　126, 140, 141, 150, 152, 164, 165

ひろまる【広まる】　42, 43

ふ

ふかけつ（な）【不可欠（な）】　47, 169

ふくむ／ふくめる【含む／含める】　32, 90, 91

ふじゅうぶん（な）【不十分（な）】　140

ふまえる【踏まえる】　81, 134

ふめい（な）【不明（な）】　47

ふれる【触れる】　36, 171

ぶんせき（する）【分析（する）】　33, 34, 35, 36, 63, 65, 67, 76, 81, 88, 89, 92, 94, 152, 171

〜ぶんの〜【〜分の〜】　107, 108

ぶんるい（する）【分類（する）】　32, 90, 93, 136, 137

へ

へんか（する）【変化（する）】　34, 42, 57, 58, 85, 86, 112, 113,

ほ

ほうこく（する）【報告（する）】　36, 57, 64, 65, 86, 123
ほうほう【方法】　33, 35, 92, 94, 126
ほとんど　47, 67, 68, 113
ほぼ　58, 100, 104, 105, 113, 122, 123
ほんけんきゅう【本研究】　40, 57, 76, 78, 82, 92, 94, 122, 123, 136, 153, 158, 159, 160, 162
ほんこう【本稿】　40, 41, 50, 57, 76, 77, 79, 81, 82, 94, 132, 134, 160, 170

ま

まず　80, 92, 93, 176, 197, 198, 200, 201
また　59, 176, 197
または　174, 178
まったく【全く】　58
まとめる　36, 81, 138, 139

み

みいだす【見出す】　57
みかた【見方】　57, 120
みせる【見せる】　111
みたない【満たない】　99
みちびく【導く】　77
みとめる【認める】　37, 104, 105, 106, 111, 113, 114, 118, 119, 150
みなす【見なす】　34, 155, 162
〜みまん【〜未満】　99
みる【見る】　37, 57, 63, 67, 68, 92, 93, 104, 105, 106, 111, 112, 113, 114, 115, 118, 122, 132, 133, 152, 153, 160

む

むし（する）【無視（する）】　44, 166

め

めいかく（な）【明確（な）】　140
めざす【目指す】　32
めん【面】　150, 165, 170, 171

も

もくてき【目的】　32, 76, 77, 82, 158, 159
もしくは　174, 178
もたらす　42, 43, 124, 125, 147, 148
もちいる【用いる】　33, 50, 57, 76, 88, 89, 92, 93, 126
もっとも【最も】　58, 109, 112
もっとも【尤も】　175, 185
もとめる【求める】　33, 47, 48, 85, 168
〜ものの　175, 186, 187
もんだい【問題】　32, 42, 43, 44, 57, 58, 76, 77, 79, 84, 85, 86, 132, 133, 140, 150
もんだいてん【問題点】　40, 67

や

やく【約】　100
やくわり【役割】　42
やや　58, 106, 111

ゆ

ゆうい（な）【有意（な）】　59, 105, 106, 111, 112
ゆういぎ（な）【有意義（な）】　164
ゆういさ【有意差】　104, 105, 106
ゆうこう（な）【有効（な）】　68
ゆうこうせい【有効性】　57
ゆうはつ（する）【誘発（する）】　42
ゆうよう（な）【有用（な）】　140
ゆえに【故に】　176, 192, 193
ゆるやか（な）【緩やか（な）】　111

よ

〜よ【〜余】　100
よういん【要因】　44
ようするに【要するに】　175, 182, 183

索引

215

索引

ようやく（する）【要約（する）】　36, 160
よそう（する）【予想（する）】　127, 147, 148, 166, 167
よち【余地】　140
よって　176, 192, 193
よぶ【呼ぶ】　32, 50, 51
よみとる【読み取る】　37

り

りかい（する）【理解（する）】　76
りっしょう（する）【立証（する）】　162
りゃくじゅつ（する）【略述（する）】　36
りゃくする／りゃくす【略する／略す】　51
りゆう【理由】　82, 147, 148
りよう（する）【利用（する）】　40, 61, 126
りょうしゃ【両者】　143
りろん【理論】　94

る

るいじ（する）【類似（する）】　104, 122, 123, 143

ろ

ろんきゅう（する）【論及（する）】　36
ろんこう【論考】　94, 138
ろんじゅつ（する）【論述（する）】　36
ろんしょう（する）【論証（する）】　34
ろんじる／ろんずる【論じる／論ずる】　36, 81, 82, 132, 149
ろんてん【論点】　32, 36, 138, 139

わ

わかる【分かる】　58, 66, 67, 116, 117, 118
わくぐみ【枠組み】　92, 94
わける【分ける】　90, 136
わずか（な）【僅か（な）】　57, 85, 102, 106, 111

を

〜をつうじて／つうじた【〜を通じて／通じた】　41, 85, 86
〜をとおして／とおして【〜を通して／通した】　86, 163
〜をとわず【〜を問わず】　86
〜をめぐって／めぐる　84
〜をもとに　85

あとがき

　本書は日本各地の大学・大学院で留学生や日本人学生のアカデミック・ライティング教育にとりくんできた5人の執筆者が，これまでの経験をもとに協力して作成したものです。

　原稿の執筆分担は，二通（「まえがき」，IIの序論ii，本論iii・iv，コラム6・7・9・10・11），大島（「この本をお使いになるみなさんへ」ほか前書き部分，Iのi，IIの序論i，結論i・ii，コラム1・14），佐藤（IIの本論ii，III，コラム2・5・8・15），因（IIの序論iii，本論i，コラム12・13，全体の英訳），山本（Iのii，iii，コラム2・3・4）ですが，すべての部分について全員で検討を重ね，知恵を出し合って完成させました。

　本書の出版には多くの方々に大変お世話になりました。ウェブサイトへの論文掲載および例文使用を許可してくださった，阿部成治，木内望，伊藤亮嗣，藤田豊久，丹野秀昭，岡田敦志，砂押以久子，天野倫文，小林真生，大島丈志の各氏，資料の提供や原稿についての助言をいただいた東北大学高等教育開発推進センターの関根勉氏，東京海洋大学海洋科学部の林哲仁氏ほかの方々，東京大学大学院人文社会系研究科の近藤和彦氏，九州大学農学研究院の土居克実氏，横浜国立大学留学生センターの門倉正美氏，北海学園大学経済学部の伊藤淑子氏，青島農業大学の大島一二氏，英訳のチェックを引き受けてくださった金沢大学文学部のAndrews, Dale Kenneth氏，レポートや研究計画書を提供してくださった，久松アイマンさん，本吉明美さん，Rafal Zaborowskiさん，授業を通して，あるいはモニターとして貴重なフィードバックをくださった東北大学，東京海洋大学，武蔵野大学，東京大学，立命館アジア太平洋大学の学部や大学院の留学生のみなさまに心からお礼を申し上げます。また，東京大学出版会の小暮明氏には本書の企画当初から粘り強い励ましとご支援をいただきました。

　本書には，これまでのレポート・論文作成の参考書にはない新しい試みやアドバイスを盛り込みました。レポート・論文の作成やその指導に取り組んでいるすべての方々に少しでも役に立つことができれば幸いです。

2009年12月

執筆者一同

執筆者紹介

二通信子（につう・のぶこ）
東京大学名誉教授（元東京大学日本語教育センター教授）。東京教育大学教育学部教育学科卒業，カナダ レスブリッジ大学教育学部修士課程修了，修士（教育学）。著書に『留学生のための論理的な文章の書き方』（スリーエーネットワーク，共著），『アカデミック・ジャパニーズの挑戦』（ひつじ書房，共著）ほか。

大島弥生（おおしま・やよい）
立命館大学経営学部教授。お茶の水女子大学大学院修士課程人文科学研究科日本言語文化専攻修了，博士（人文科学）。著書に『ピアで学ぶ大学生の日本語表現――プロセス重視のレポート作成』（ひつじ書房，共著），『大学の授業をデザインする――日本語表現能力を育む授業のアイデア』（ひつじ書房，共著）ほか。

佐藤勢紀子（さとう・せきこ）
東北大学名誉教授。東北大学大学院文学研究科博士課程国文学国語学日本思想史学専攻満期退学，博士（文学）。著書に『改訂版　大学・大学院留学生の日本語④　論文作成編』（アルク，共著），『漢字系学習者のための漢字から学ぶ語彙①　日常生活編』（アルク，共著）ほか。

因　京子（ちなみ・きょうこ）
九州大学留学生センター・比較社会文化学府准教授を経て，2018年まで日本赤十字九州国際看護大学教授。九州工業大学非常勤講師。九州大学文学部文学科卒業，同文学研究科修士課程修了，修士（文学）。米国ウィスコンシン大学（マジソン校）東アジア言語文化学科修士課程修了，Master of Arts。著書に『きょうから日本語』（九州大学出版会，共著），『論文作成のための文章力向上プログラム』（大阪大学出版会，共著），『看護現場で役立つ文章の書き方・磨き方』（日本看護協会出版会，単著）ほか。

山本富美子（やまもと・ふみこ）
武蔵野大学客員教授（元武蔵野大学大学院言語文化研究科グローバル・コミュニケーション学部教授）。名古屋大学大学院文学研究科修士課程修了，博士（日本語学・日本語教育学）。著書に『第二言語の音韻習得と音声言語理解に関与する言語的・社会的要因』（ひつじ書房），『国境を越えて』（新曜社，編著）ほか。

留学生と日本人学生のための
レポート・論文表現ハンドブック

2009年12月24日　初　版
2025年3月10日　第10刷

［検印廃止］

著　者　二通信子・大島弥生
　　　　佐藤勢紀子・因 京子
　　　　山本富美子

発行所　一般財団法人　東京大学出版会
代表者　中島隆博
153-0041 東京都目黒区駒場 4-5-29
https://www.utp.or.jp/
電話 03-6407-1069　Fax 03-6407-1991
振替 00160-6-59964

印刷所　株式会社三秀舎
製本所　牧製本印刷株式会社

© 2009　Nobuko Nitsu, Yayoi Oshima, Sekiko Sato,
Kyoko Chinami, Fumiko Yamamoto
ISBN 978-4-13-082016-5　Printed in Japan

JCOPY〈出版者著作権管理機構 委託出版物〉
本書の無断複写は著作権法上での例外を除き禁じられています．複写される場合は、そのつど事前に、出版者著作権管理機構（電話 03-5244-5088, FAX 03-5244-5089, e-mail: info@jcopy.or.jp）の許諾を得てください．

東京大学 AIKOM 日本語プログラム　近藤安月子・丸山千歌　[編著]
中・上級日本語教科書　日本への招待　第 2 版
　テキスト　　　　　　　　　　　　　　　　　B5・192 頁・2400 円
　予習シート・語彙・文型　　　　　　　　　　B5・216 頁・2800 円
　CD3 枚付セット　　　　　　　　　　　　　　　　　　　　9500 円

東京大学 AIKOM 日本語プログラム　近藤安月子・丸山千歌　[編著]
上級日本語教科書　文化へのまなざし
　テキスト　　　　　　　　　　　　　　　　　B5・192 頁・2500 円
　予習シート・語彙・文型　　　　　　　　　　B5・256 頁・3200 円
　CD2 枚付セット　　　　　　　　　　　　　　　　　　　　9500 円

　　　　　　　　　ここに表示された価格は本体価格です　御購入の
　　　　　　　　　際には消費税が加算されますので御了承下さい．